flexitarien

Édition originale publiée au Royaume-Uni, en 2017, sous le titre *The Flexible Vegetarian,* aux éditions Frances Lincoln, une marque de The Quarto Group

The Old Brewery, 6 Blundell Street,

London N7 9BH, United Kingdom

www.QuartoKnows.com

Conception graphique : Sarah Allberrey

Édition française

Traduction : Guillaume Marlière

Révision : Claire Fontanieu

Mise en page : Nord Compo (Villeneuve-d'Ascq)

L'éditeur remercie Camille Lenglet pour son aide précieuse.

Achevé d'imprimer en mai 2018, en RPC

Dépôt légal : septembre 2018

88-5433-01-7

ISBN : 978-2-01-704287-7

flexitarien

JO PRATT

PHOTOGRAPHIES DE SUSAN BELL

hachette
CUISINE

Sommaire

Introduction

Être flexitarien ou végétarien flexible, qu'est-ce que c'est? C'est vouloir réduire les quantités de viande et de poisson mangées, choisir les moments où l'on en mange ou n'en manger que s'ils sont biologiques. C'est être végétarien, mais inviter sa famille ou ses amis à table sans les priver. C'est aussi rechercher des ingrédients plus durables, meilleurs pour la planète ou la santé, voire moins chers. Bref, être flexitarien, c'est pouvoir adapter sa cuisine — ajouter de la viande ou du poisson si besoin est — mais posséder un bon répertoire végétarien en toutes circonstances.

Je cuisine toute la semaine des plats délicieux sans viande en me faisant plaisir. Mais de temps à autre, j'ai envie de repousser ces limites « végétariennes ». Il m'arrive de préparer un dîner entre amis où je veux satisfaire tous les goûts ou bien un repas dominical pour ma belle-famille où la viande est obligatoire (n'est-ce pas, Peter!). Et parfois, je dois utiliser les restes de poulet dudit déjeuner. Enfin, je dois avouer que j'aime bien le saumon. Voilà d'où vient l'inspiration de ce livre – pour ces moments végétariens... et plus.

Les recettes sont conçues pour fonctionner seules ou bien en y ajoutant viande ou poisson. Régalez-vous du ragoût d'orge perlé et patate douce (p. 110) le mardi soir et épicez les restes avec du chorizo le mercredi midi. Ou brunchez un dimanche avec des pancakes au « bacon » de tofu pour vous (p. 21) et du bacon pour votre conjoint. Ces plats s'adaptent à toutes les occasions, les ambiances, les goûts et les invités.

Toutes mes recettes sont soigneusement équilibrées du point de vue nutritionnel, sans devoir ajouter ni viande ni poisson. Il est facile d'introduire des protéines avec des légumineuses, noix, graines, produits à base de soja, œufs et produits laitiers, qui, en outre, apportent texture et arômes. On trouve une incroyable diversité d'ingrédients végétaux ou de légumes extraordinaires dans les supermarchés, les épiceries ou les marchés, et je voulais créer un livre pour les célébrer.

Cet ouvrage regorge de recettes savoureuses qui vous combleront. Je les ai soigneusement compilées, essayées et goûtées. Les légumes arrivent en tête bien sûr — mais vous pourrez improviser. J'espère que vous aimerez cuisiner ces recettes autant que j'ai aimé les écrire!

Petit déjeuner/Brunch

Une journée doit commencer par un petit déjeuner délicieux, qu'on soit pressé ou qu'on dispose d'un peu plus de temps. Ce chapitre est rempli d'alternatives appétissantes aux formules plus classiques : beignets de courgette, « bacon » de tofu ou bol de quinoa santé.

Soupes/Bouillons

J'adore les soupes revigorantes et les bouillons réconfortants et leur souplesse d'utilisation : petits dîners cosy, déjeuners légers et aromatiques, bols irrésistibles pour bien démarrer un dîner de fête. Casez tous vos légumes dans une ribollita italienne (p. 59) ou pensez noix de cajou comme base pour un potage riche (p. 56). Ces recettes n'ont évidemment rien à voir avec un minestrone déshydraté…

Petites assiettes

Des plats conçus pour leur souplesse : pour une personne en entrée, en repas léger ou en accompagnement, ou même servis en tapas pour un festin familial ou entre amis.

Grandes assiettes

Ces recettes inspirées des cuisines du monde entier conviendront à chaque ambiance et éblouiront vos convives. Certaines nécessitent un peu de temps — tarte crémeuse champignon, poireau et chataîgne (p. 102) — mais d'autres feront un repas rapide en plein milieu de semaine, comme ces légumes d'été rôtis, piment et haricots Borlotti (p. 116).

Dips/bouchées

Un placard d'astuces à garder sous la main : dips remplis de couleurs, pestos étonnants, houmous vibrants, l'indispensable bouillon de légumes, assaisonnements corsés et bouchées irresistibles. Des petits extras qui vont révolutionner votre cuisine, toujours pratiques pour la touche finale.

Cuisson parfaite viande/poisson

De la viande ? Dans un livre de recettes végétariennes ? Eh oui. Plutôt pratique d'inclure des idées simples et goûteuses de viande et de poisson que vous pourriez servir avec vos recettes végétariennes si besoin est. Vous y trouverez l'inspiration pour vos arômes et des astuces pour une cuisson parfaite.

Le garde-manger flexitarien

Pour une cuisine flexitarienne quotidienne, mieux vaut maintenir un garde-manger et un réfrigérateur bien fournis (notamment avec des légumes frais). Voici quelques ingrédients de base qu'il faudrait toujours avoir sous la main.

Haricots

Pour leur praticité et le temps qu'ils font économiser, j'utilise souvent des haricots en boîte. On en trouve maintenant de toutes les variétés et ils représentent une source fantastique de protéines et de fibres ; excellents pour tonifier le repas à l'instar d'une viande.

Fromage

Ils offrent une bonne variété de goûts et de textures, en tant qu'ingrédient principal ou pour l'assaisonnement. Notons tout de même que certains fromages ne sont pas strictement végétariens puisqu'ils contiennent de la présure. Le parmesan reste l'un des plus connus et j'en fais souvent usage dans ce livre, mais des parmesans végétariens feront aussi bien l'affaire. Vous pouvez également substituer un autre fromage à pâte dure. J'utilise aussi paneer, feta et halloumi — fromages végétariens très flexibles.

Œufs

Ingrédient très pratique et véritable trésor nutritif, l'œuf reste l'un de mes ingrédients favoris en raison de sa flexibilité. Choisissez-les de plein air ou biologique et de taille moyenne ou grosse (sauf mention contraire).

Céréales

Base de nombreux plats végétariens, elles fournissent des glucides et souvent des protéines. Gardez-en diverses variétés pour toujours en avoir sous la main. Frik, quinoa, orge, boulgour, faro, couscous, riz, épeautre, avoine… Disponibles un peu partout, elles se conservent très longtemps.

Lentilles

Très riche sources de protéines et de glucides, elles possèdent des couleurs, des formes et des tailles diverses et connaissent chacune un usage différent. Vertes et brunes s'avèrent excellentes en salade ou en ragoût, car elles ne se défont pas à la cuisson. Au contraire des lentilles corail et jaunes qui forment une pâte/purée permettant d'épaissir soupes, ragoûts et classiques dhals. Les lentilles du Puy poussent dans la région française du même nom. Plus fermes, elles ont également un goût plus prononcé et se révèlent parfaites en salades ou cuites à l'étouffée.

Pâte de miso

L'ingrédient ultime pour apporter de l'umami, arôme savoureux fermenté et salé, à tous vos plats. Élaboré à partir de soja fermenté, on l'utilise pour parfumer bouillons, marinades et assaisonnements. On en trouve de différentes sortes, les plus classiques restant la pâte de miso blanche (plus douce, un peu sucrée) et de miso brun/rouge (plus riche et les forte).

Noix et graines

Remplies de protéines, de bonnes graisses, de vitamines et de minéraux, on les utilise de différentes façons, mixées pour en faire un crumble salé, en crème, en dips ou en pesto.

Paprika fumé

Cette épice fantastique ajoute un arôme fumé, presque carné, à toutes vos recettes. Doux ou fort, gardez les deux à portée de main, car le fort se montre parfois assez pimenté !

Tahini

Pâte riche en protéines composée de graines de sésame broyées, on la connaît pour son utilisation dans les recettes de houmous. Mais elle sert également pour les assaisonnements, les sauces, ou en pâte à tartiner sur du pain ou un bagel.

Tofu

Ce « fromage » de soja est un ingrédient à la fois pratique et riche en protéines. On le sert de diverses façons, lisse et doux ou croquant et croustillant. On peut l'acheter en paquets réfrigérés à mettre au frais ou en paquets de plus longue conservation à garder au placard. Seul, il se montre plutôt fade, mais il fonctionne bien avec la plupart des arômes. Choisissez-le extra-ferme pour pâtisser, griller, frire ou poêler, ou soyeux pour le mélanger à des sauces, assaisonnements, desserts et smoothies.

Yaourt/labneh

J'adore le labneh, ce lait fermenté moyen-oriental. Je l'utilise plusieurs fois dans ce livre. On le trouve dans des épiceries spécialisées ou dans les grands supermarchés. Très facile à confectionner avec du yaourt nature ou grec (entier), ajoutez des herbes ou aromatisez-le. On l'emploie pour des wraps, salades, en dip ou pour des pommes de terre au four (voir page 153 pour une recette de labneh).

Alternatives vegan

Lait

Des laits non sucrés, noix, avoine, riz, soja ou noix de coco. Il existe de nombreuses marques disponibles dans tous les magasins, mais vous pouvez également le confectionner.

Yaourt

On trouve très facilement des yaourts au lait de noix de coco, de soja ou d'avoine.

Crème

Des crèmes non sucrées à base de noix, d'avoine ou de soja sont de plus en plus communes.
Pourquoi ne pas essayer de faire votre crème de noix (voir page 56 pour une recette de crème de noix de cajou) ?

Parmesan végétarien

Les levures diététiques apporte un arôme de fromage.

Œufs entiers pour la pâtisserie

Remplacez-les par des graines de chia : mélangez 1 cuil. à soupe de graine de chia avec 3 cuil. à soupe d'eau pour remplacer un œuf.

Blancs d'œufs

Remplacez-les par de l'aquafaba (le liquide de cuisson des pois chiches présent dans les boîtes). Fouettez-le jusqu'à la consistance voulue. Idéal pour les pancakes et super pour remplacer le blanc d'œuf dans la recette de pois chiches croustillants au wasabi (p. 159).

Petit déjeuner/ Brunch

Pancakes américains

« bacon » de tofu et sirop d'érable

Les pancakes américains, moelleux, épais, mais légers, apparaissent au menu presque tous les week-ends chez moi. Parfois, je les sers avec des myrtilles juteuses et du yaourt à la grecque crémeux, parfois saupoudrés de sucre à la cannelle ou parsemés de rondelles de banane. Pour un vrai festin, je grille des tranches de bacon et j'arrose le tout de sirop d'érable. Depuis peu, j'utilise un substitut à base de tofu et, à ma grande surprise, ça marche ! Salé, fumé, doux, croustillant et savoureux, il ressemble au bacon, le gras en moins. Contrairement au vrai bacon, prêt à cuisiner, cette version tofu nécessite d'être planifiée la veille. Mais ça en vaut la peine, car il se révèle aussi flexible que le vrai et on peut l'utiliser partout, du classique sandwich « bacon », laitue, tomate, au topping croustillant pour soupes et salades.

---

175 g de farine levante
1 œuf
½ cuil. à café de levure chimique
300 ml de babeurre
Une pincée de sel
1 cuil. à soupe de sucre semoule
Huile, pour la cuisson
Sirop d'érable, pour le service

Pour le « bacon »
Environ 350 g de tofu ferme
125 ml de sauce soja
1 cuil. à soupe de purée de tomates
1 cuil. à soupe de sirop d'érable
2 cuil. à café de Marmite
1 cuil. à café de paprika fumé doux
125 ml d'eau

Préparation 45 min + 8 h pour presser et mariner
Pour 4

D'abord, réalisez le « bacon ». Égouttez le tofu et posez-le sur un petit plateau recouvert d'essuie-tout ou d'un linge propre.
Posez dessus une assiette ou un autre plateau, puis un poids, par exemple deux livres, afin d'extraire le maximum de liquide. Laissez environ 4 h pour drainer le liquide en excès.
Vous pouvez le laisser plus longtemps.

Découpez en tranches très fines le tofu pressé et mettez-les dans une assiette creuse.
Mélangez tous les autres ingrédients du « bacon » et versez-les sur le tofu. Faites mariner pendant environ 4 h au réfrigérateur.

Pour confectionner la pâte à pancake, mélangez tous les ingrédients au robot ou à l'aide d'un fouet.

Préchauffez deux grandes poêles à feu moyen, une pour les pancakes et l'autre pour le bacon.

Pour cuire les pancakes, huilez toute la surface de la poêle. Versez de généreuses cuillérées de pâte et laissez cuire pendant environ 1 à 2 min jusqu'à l'apparition de petites bulles en surface. Retournez précautionneusement et laissez 1 min de plus. Faites-en cuire trois ou quatre en même temps. Terminez la pâte et conservez les pancakes déjà cuits sur une assiette recouverte d'un linge.

Versez un filet d'huile dans la seconde poêle. Sortez le tofu de la marinade (elle pourra resservir autant que vous le souhaitez, mais jetez-la au bout de 3 à 4 jours), égouttez-le et essuyez-le. Faites frires plusieurs tranches à la fois pendant 1 à 2 min, en les retournant à mi-cuisson, jusqu'à ce qu'elles soient bien dorées et croustillantes.

Servez ces pancakes aériens à l'assiette, avec le « bacon » de tofu croustillant et versez le sirop d'érable.

Flexible
Bien sûr, vous pouvez éviter de confectionner le « bacon » de tofu et utiliser du vrai bacon.

Omelette verte

Délicieuse au brunch, au déjeuner ou en dîner léger, cette omelette est également agréable au petit-déjeuner. Comblé, plein d'entrain, vous serez prêt à affronter la journée.

Utilisez les herbes et légumes que vous avez sous la main — cette recette doit vous servir de guide. La clé est de veiller à avoir les meilleurs œufs possible et d'éviter de trop les cuire, pour qu'ils ne ressemblent pas à du caoutchouc. Le secret : quand ils sont pris au centre, ne les laissez pas colorer sur les bords.

---

2 grosses poignées de légumes verts en mélange, tels qu'asperge, haricot vert, brocoli, courgette, oignon vert (cébette)
1 cuil. à soupe d'huile de colza ou d'olive, plus pour le service
3 gros œufs
1 poignée d'aneth ciselé, plus pour le service
1 noix de beurre
Le zeste râpé de ¼-½ citron
2 cuil. à soupe de crème fraîche ou aigre
Fleur de sel et poivre noir du moulin

Préparation 15 min/**Pour** 1

Taillez finement les légumes en julienne. Chauffez l'huile dans la poêle à feu moyen et faites revenir les légumes jusqu'à ce qu'ils soient tendres et presque dorés.

Entre-temps, cassez les œufs dans un bol. Incorporez l'aneth, le sel et un peu de poivre noir, et mélangez à la fourchette. Chauffez une petite poêle anti-adhésive à feu moyen et ajoutez le beurre. Quand il commence à mousser, couvrez-en le fond de la poêle en la faisant tourner et versez les œufs battus. À l'aide du dos d'une fourchette, remuez-les légèrement jusqu'à la prise. Aplatissez la surface et laissez cuire pendant encore 1 min, jusqu'à ce que les œufs soient pris sur le dessus.

Mélangez zeste de citron, crème fraîche, sel et poivre dans les légumes verts sautés, puis répartissez au-dessus des œufs. À l'aide d'une spatule, repliez une moitié et faites glisser sur une assiette.

Finissez avec un tour de moulin à poivre, un filet d'huile et une touche de zeste de citron et d'aneth.

Flexible
Poisson et fruits de mer fonctionnent à merveille avec l'aneth et le citron de cette omelette. Essayez avec deux tranches de saumon fumé ciselées, une poignée de crevettes tigrées cuites ou 50 g de chair de crabe fraîche pour compléter la garniture.

Tartine de champignons au miso

Un simple mélange de champignons délicieusement umami. Une excellente recette comme telle, mais que je sers souvent avec un œuf au plat ou poché, et une tombée d'épinards — j'en fais alors un repas plus substantiel, déjeuner ou dîner, plutôt que brunch.

Environ 250 g de champignons mélangés, shiitakes, pleurotes, de Paris blancs ou bruns
1 cuil. à soupe d'huile d'olive
25 g de beurre
2 gousses d'ail, pelées et écrasées
2 ou 4 tranches de pain au levain, de seigle, aux graines ou blanc
1 cuil. à soupe bombée de pâte de miso blanc
4 cuil. à soupe de crème liquide ou crème fraîche
Une pincée de flocons de piments séchés
Sauce soja, pour assaisonner
Une poignée de persil ciselé
Poivre noir fraîchement moulu
Gingembre mariné, pour servir

Préparation 15 min/**Pour** 2

Nettoyez les champignons en les brossant à l'aide d'un pinceau à pâtisserie ou avec du papier essuie-tout, puis coupez-les en morceaux de la même taille. Chauffez une grande poêle et ajoutez huile et beurre.

Quand le beurre fondu se met à mousser, versez les champignons. Sautez-les à feu fort, en les remuant de temps à autre, jusqu'à ce qu'ils soient dorés. À la fin, associez l'ail, faites-le revenir très rapidement sans le brûler.

Entre-temps, grillez le pain. Il doit être doré.

Réduisez le feu et ajoutez le miso, la crème et un peu d'eau chaude (environ 75 ml), aux champignons. Mélangez pour obtenir une épaisse sauce crémeuse. Assaisonnez avec les flocons de piment, la sauce soja, le persil et un tour de moulin. À l'aide d'une cuillère, versez sur le pain et servez avec un peu de gingembre mariné.

Flexible

Du bacon fumé bien grillé sur les champignons ajoutera un goût umami encore plus savoureux, ainsi que du croquant.

Bouddha bol de petit déjeuner

Un « bouddha bol » est un plat nutritif et copieux confectionné à partir d'ingrédients sains, tels que des céréales, des légumes crus ou cuits, des protéines, des noix, des graines et d'un assaisonnement. Disposez-les dans un bol (qui ressemble au ventre rebondi du Bouddha) et vous obtenez un repas délicieux et équilibré. J'ai employé ici mes ingrédients préférés pour un brunch, mais n'hésitez pas à jouer avec les goûts ou à utiliser des restes, riz cuit, légumes grillés, légumineuses ou légumes-feuilles. La recette inclut des graines aromatisées — une fois torréfiées, elles se conservent 3 semaines à l'abri de l'air. Servez-vous-en pour grignoter, ou pour en parsemer vos salades des légumes rôtis et bien sûr, d'autres bouddha bols.

---

125 g de graines mélangées (lin, courge, sésame, tournesol et pavot)
2 cuil. à café de sauce soja
2 cuil. à café de sirop d'agave
2 cuil. à café de ras-el-hanout (mélange d'épices d'Afrique du Nord)
Huile d'olive extra-vierge
150 g de quinoa
375 m de bouillon de légumes
4 œufs
1 grosse courgette, râpée grossièrement
Le zeste finement râpé et jus de ½ citron
Une petite poignée de feuilles de menthe hachées
3 cuil. à soupe de tahini
4 cuil. à soupe yaourt nature (entier)
2 gros avocats mûrs, pelés, en tranches
4 cuil. à café de harissa
Fleur de sel et poivre noir du moulin

Préparation 40 min/**Pour** 4

Préchauffez le four à 160 °C (th. 5-6).

Mélangez les graines, la sauce soja, le sirop d'agave, le ras-el-hanout et 1 cuil. à café d'huile d'olive. Répartissez sur une tôle et faites cuire pendant 15 à 20 min jusqu'à ce qu'elles soient dorées, en remuant à mi-cuisson. Sortez et laissez refroidir.

Pour cuire le quinoa, chauffez une poêle moyenne à feu fort. Versez le quinoa et faites revenir pendant 30 s. Remuez la poêle pour éviter qu'il attache. Ajoutez le bouillon et portez à ébullition pendant 1 min. Réduisez à feux doux. Couvrez et laissez cuire pendant 10 min. Au bout de ce temps, coupez le feu et laissez gonfler 5 min avant d'ôter le couvercle et d'égrener le quinoa à la fourchette.

Portez une casserole d'eau à ébullition et ajoutez les œufs. Faites cuire 7 min à la reprise de l'ébullition pour obtenir un jaune soyeux et un blanc ferme. Sortez-les de l'eau et, quand ils ont refroidi, pelez-les et coupez-les en deux.

Mélangez la courgette râpée avec le zeste et le jus de citron, la menthe, un filet d'huile d'olive, du sel et du poivre.

Mélangez le tahini et le yaourt et ajoutez une pincée de sel. Allongez avec un peu d'eau pour obtenir la consistance d'une crème fraîche.

Pour servir, versez le quinoa dans les bols et ajoutez la courgette, les tranches d'avocat, les œufs, une cuillère du mélange tahini-yaourt, une petite cuillère de harissa et finissez en saupoudrant de graines torrefiées.

Flexible
Les options sont infinies, puisque l'objet même de ces bols est la flexibilité de leurs ingrédients. Pour un bol de petit déjeuner ou de brunch, j'aime ajouter du saumon, de la truite ou du maquereau fumés — vous les trouverez prêts à l'utilisation dans votre bol.

Quesadillas pois du Cap et champignons fumés

Quesadillas : l'ultime fast-food maison, rapide et facile à faire avec très peu d'ingrédients. Le concept des quesadillas mexicaines consiste à introduire une garniture entre deux tortillas avant de les griller sur chaque face dans une poêle. En fondant, le fromage aidera à les maintenir. Toutefois, plutôt que d'en utiliser beaucoup, j'aime les garnir de pois du Cap écrasés et de champignons sautés, parmi d'autres ingrédients savoureux, afin de faire de cette quesadilla un plat à la fois délicieux et nutritif qui vous comblera.

Huile d'olive
300 g de champignons (de n'importe quelle variété, par exemple de Paris ou bruns), coupés en petits morceaux
3 gousses d'ail, pelées et écrasées
800 g de pois du Cap en boîte, cuits, égouttés
2 poivrons rouges grillés, finement émincés ou en dés
½ cuil. à café de paprika fumé
Une grosse poignée de persil haché
8 tortillas
150 g de cheddar et mozzarella râpés
Fleur de sel et poivre noir du moulin

Préparation 25 min/**Pour** 4

Chauffez une grande poêle à feu moyen et versez un filet d'huile d'olive. Une fois l'huile chaude, ajoutez les champignons et faites sauter jusqu'à coloration. Ils doivent être tendres. Ajoutez l'ail, salez et poivrez. Laissez cuire 1 min de plus, puis ôtez du feu.

Écrasez grossièrement les pois du Cap avec les poivrons rouges, le paprika fumé, le persil et une goutte d'huile. Salez, poivrez.

Posez quatre tortillas sur le plan de travail et répartissez les pois. Étalez jusqu'au bord. Incorporez les champignons, puis le fromage. Terminez par les quatre dernières tortillas et aplatissez avec la paume.

Essuyez la poêle avec du papier essuie-tout et remettez à feu doux. Versez un filet d'huile et faites cuire les quesadillas une par une, environ 2 min sur chaque face, jusqu'à ce qu'elles soient dorées, en les retournant à l'aide d'une spatule. Il est parfois plus facile de les renverser sur une assiette avant de les faire glisser de nouveau dans la poêle pour cuire l'autre face.

Coupez en parts et servez chaud.

Flexible
Il est facile de faire des fournées de quesadillas végétariennes et non végétariennes. Suivez la recette principale et, quand vous les confectionnez, ajoutez un reste de poulet rôti, d'effiloché de porc ou de jambon sur la moitié d'entre elles. Si vous n'avez pas de restes, vous pouvez ajouter environ 40 g de dés de chorizo par personne. Si vous faites uniquement une fournée carnée, faites revenir le chorizo avec les champignons et oubliez le paprika fumé.

Galettes de maïs au paneer et curcuma

avec champignons sautés, tomates et œufs pochés

Une recette pleine de couleurs et de saveurs qui réveilleront vos papilles. Les champignons et les tomates, simplement sautés, sont tendres et juteux — les galettes apportent la touche épicée. Curcuma, gingembre, cumin, coriandre et oignons verts s'associent au paneer et au maïs pour faire de ces galettes, les vedettes du spectacle.

---

4 gros champignons de Paris
4 tomates mûres, coupées en deux
Huile d'olive
225 g de paneer émietté
150 g de maïs
4 cuil. à soupe de farine
2 oignons verts (cébettes), finement hachés
1 cm de gingembre, pelé et râpé
2 cuil. à café de curcuma en poudre
½ cuil. à café de cumin en poudre
Un petit bouquet de coriandre, grossièrement haché
6 œufs
2 cuil. à soupe de vinaigre de vin blanc ou de malt
Fleur de sel et poivre noir du moulin

Préparation 30 min/**Pour** 4

Préchauffez le four à 200 °C (th. 6-7).

Déposez les champignons et les demi-tomates dans un plat. Arrosez plutôt généreusement d'huile d'olive, salez et poivrez. Faites rôtir au four pendant environ 20 min, jusqu'à ce que les champignons soient dorés et tendres, en les retournant à mi-cuisson.

Ajoutez le paneer émietté, le maïs, la farine, les oignons verts, le gingembre, le curcuma, le cumin, la coriandre, 1 cuil. à café de sel et un bon tour de moulin à poivre dans un saladier. Battez légèrement deux des œufs et incorporez-les. Mélangez intimement. Avec vos mains humidifiées, divisez la mixture en quatre et façonnez quatre galettes épaisses.

Chauffez une poêle moyenne à feu moyen et versez assez d'huile d'olive pour en recouvrir le fond. Disposez les galettes et faites cuire environ 3 min de chaque côté. Elles seront dorées et fermes.

Pendant que les galettes rissolent, portez une casserole d'eau à ébullition. Ajoutez le vinaigre et les quatre œufs restants. Pochez-les pendant 3 min.

Posez les galettes sur les assiettes, puis un champignon rôti, les tomates, et finissez avec un œuf poché. Salez, poivrez… savourez.

Flexible

Cette recette admet plusieurs versions flexibles. D'abord, vous pouvez en faire un brunch anglo-indien en complétant avec du bacon ou des saucisses. Et pourquoi pas quelques tranches de boudin noir ? Enfin, vous pouvez transformer les galettes en ajoutant 75 g de jambon ou de pastrami en tranches très fines dans le mélange avant de les façonner et de les cuire.

Beignets de courgette

écrasé d'avocat et halloumi grillé

Un brunch qui donne envie de se lever… surtout quand on se sent légèrement fatigué après une bonne soirée. Toutes les cases sont cochées : un peu salé, un peu épicé, un peu frit, beaucoup d'ingrédients sains et, bien sûr, un plat appétissant, réconfortant et nourrissant.

Pour que ces beignets soient aériens tout en restant croustillants, je sale les courgettes râpées, puis les laisse reposer pendant 10 à 20 min avant de presser l'excès d'eau. Si vous n'avez pas le temps ou la patience, mélangez tout — mais veillez à cuire les beignets avant que la courgette devienne humide et flasque.

---

3 courgettes moyennes (environ 500 g)
2 avocats mûrs
Le jus de 1 citron vert
1 piment rouge, ciselé
40 g de farine
40 g de polenta ou de semoule fine
1 cuil. à café de levure chimique
3 œufs, légèrement battus
Un petit bouquet de menthe ou de coriandre, haché
4 oignons verts (cébettes), finement hachés
Huile d'olive, pour frire
250 g de halloumi
1 poivron rouge rôti, finement tranché
Fleur de sel et poivre noir du moulin

Préparation 50 min/**Pour** 4

Râpez grossièrement les courgettes, versez dans une passoire posée sur un saladier et ajoutez ½ cuil. à café de sel. Laissez reposer pendant 10 à 20 min, pour extraire l'eau en excès.

Entre-temps, pelez les avocats et mettez la chair dans un saladier avec le jus de citron vert, le piment, une pincée de sel et du poivre noir. Écrasez avec le dos d'une fourchette et réservez.

Avec les mains, pressez les courgettes pour drainer le maximum d'eau et versez-les dans un cul-de-poule. Incorporez la farine, la polenta, la levure, les œufs, la menthe ou la coriandre et les oignons verts. Mélangez pour former une pâte, salez, poivrez.

Chauffez deux poêles. Ajoutez un bon filet d'huile d'olive dans l'une, mais gardez l'autre sèche. Déposez des cuillérées généreuses de pâte dans l'huile et aplatissez doucement à l'aide d'une spatule. Faites cuire 2 min jusqu'à ce que les beignets soient dorés et retournez pour 2 min supplémentaires. Répétez jusqu'à l'épuisement de la pâte.

Tranchez finement le halloumi et répartissez-le dans la poêle sèche. Faites rissoler pendant 1 min, puis retournez et répétez sur l'autre face.

Servez les beignets à l'assiette avec le halloumi grillé, une généreuse cuillérée d'avocat et des tranches de poivron rouge.

Flexible
Substituez à l'halloumi la même quantité de saumon fumé ou de fines tranches de chorizo grillé et croustillant. J'adore !

Kedgeree
et échalotes croustillantes

On pense souvent que le kedgeree est un petit déjeuner britannique traditionnel, mais il a pour origine un humble plat indien composé de riz et de lentilles, le « khichari ». En arrivant dans l'Angleterre victorienne, on l'a adapté entre autres en ajoutant poisson fumé, crème, beurre et œufs, et en oubliant les lentilles. J'utilise moi-même du lait de coco à la place de la crème pour rehausser les arômes de cette recette.

---

60 g de lentilles du Puy
200 g de riz basmati
50 g de beurre
1 oignon, finement haché
1 piment vert, égrainé et finement haché
2 cm de gingembre, pelé et râpé
1 cuil. à soupe de graines de moutarde
1 cuil. à soupe bombée de curry en poudre
400 ml de lait de coco allégé
2 échalotes
1 cuil. à soupe de fécule de maïs
Huile de tournesol, pour frire
4 œufs
1 cuil. à soupe bombée d'aneth haché
1 cuil. à soupe bombée de coriandre hachée
Le jus de ½ à 1 citron
Sel fumé (ou sel marin, si vous n'en trouvez pas)
Poivre du moulin
Feuilles de coriandre et d'aneth, pour servir

Préparation 45 min/**Pour** 4

Versez les lentilles dans l'eau et laissez-les cuire-les jusqu'à ce qu'elles soient tendres, en suivant les instructions du paquet. Égouttez, gardez au chaud et réservez.

Lavez le riz à l'eau froide pour ôter l'amidon en excès.

Chauffez une grande poêle à feu moyen et déposez le beurre. Une fois chaud, associez l'oignon, le piment et le gingembre. Faites cuire environ 10 min jusqu'à ce que l'oignon soit tendre, puis ajoutez les graines de moutarde et le curry en poudre. Poursuivez la cuisson pendant environ 1 min, incorporez le riz et remuez pour l'enrober de beurre épicé.

Versez le lait de coco et 200 ml d'eau. Augmentez le feu, portez à ébullition, couvrez, puis réduisez la chaleur. Laissez mijotez à frémissement pendant 12 à 15 min, jusqu'à l'absorption de tout le liquide. Le kedgeree doit avoir une texture légèrement crémeuse.

Coupez les échalotes en anneaux et enrobez-les à peine de fécule de maïs. Chauffez environ 5 cm d'huile dans une petite casserole. Faites frire les échalotes pendant 1 à 2 min. Elles doivent être dorées et croustillantes. Égouttez-les sur un papier absorbant et salez.

Portez une casserole d'eau à ébullition et ajoutez les œufs. Laissez cuire 7 min après reprise de l'ébullition. Ôtez-les de l'eau et, quand ils ont assez refroidi, écalez-les avant de les découper en quartiers.

Mélangez les lentilles cuites, les herbes hachées et le jus de citron dans le kedgeree. Salez, poivrez. Versez sur les assiettes et garnissez avec les œufs durs, les feuilles de coriandre et d'aneth. Parsemez d'échalotes.

Flexible

Traditionnellement, on poche le haddock dans le lait qu'on utilise ensuite pour cuire le riz du kedgeree. L'arôme fumé obtenu est inimitable. Si vous souhaitez employer des portions individuelles, pochez les petits filets de haddock (environ 125 g par personne) dans une casserole de lait bouillant (et non de lait de coco comme dans cette recette), pendant environ 5 min. Vous pouvez également ajouter des grains de poivre noir et une feuille de laurier dans le lait. Effeuillez le haddock sur les bols de kedgeree, puis versez les herbes, les œufs et les échalotes.

Tchoukchouka

La tchoukchouka, petit déjeuner classique au Moyen-Orient, est une recette de référence qui fonctionne pour tous les repas. Rapide, simple, elle utilise des ingrédients courants et il est très facile d'en adapter les quantités.

La clé de la tchoukchouka ultime consiste à ne pas trop cuire les œufs. Le blanc doit être pris, mais le jaune reste coulant. Gardez la poêle à feu doux et couvrez dès que vous ajoutez les œufs, puis veillez à laisser cuire pendant environ 2 min avant de servir avec un pain croustillant ou des galettes de pain grillées pour pouvoir saucer le jaune et les tomates épicées.

---

3 cuil. à soupe d'huile d'olive
1 oignon, finement ciselé
1 poivron vert, en dés
1 poivron rouge, en dés
4 gousses d'ail, pelées et écrasées
2 cuil. à café de paprika
½ cuil. à café de graines de cumin
2 cuil. à café de harissa
800 g de tomates concassées
1 cuil. à soupe de jus de citron
2 cuil. à café de sucre semoule
4 à 8 œufs, selon votre appétit
Un petit bouquet de coriandre, haché
100 g de miettes de feta ou de labneh, en option
Fleur de sel et poivre noir du moulin

Préparation 1 heure/**Pour** 4

Chauffez l'huile d'olive dans une grande sauteuse à feu moyen et ajoutez l'oignon. Laissez-le cuire jusqu'à ce qu'il soit doré, puis complétez avec les dés de poivrons. Faites rissoler pendant 5 min jusqu'à ce qu'ils soient tendres, puis associez l'ail, le paprika et le cumin. Poursuivez la cuisson pendant 2 min pour libérer saveurs et arômes.

Mélangez la harissa, les tomates concassées, le jus de citron et le sucre. Portez à frémissement et laissez mijoter pendant environ 30 min. La sauce doit avoir épaissi. Goûtez et rectifiez l'assaisonnement si nécessaire.

Creusez 4 à 8 (selon le nombre d'œufs utilisés) trous dans la sauce et cassez-y les œufs. Salez, poivrez légèrement, puis baissez le feu. Il doit être le plus doux possible. Couvrez la sauteuse et laissez cuire pendant 5 à 6 min jusqu'à la prise du blanc. Le jaune doit rester coulant. Il faudra peut-être un peu plus de temps si vous faites deux œufs par personne. Ôtez du feu et laissez reposer toujours à couvert pendant 2 min ou jusqu'à ce que les blancs soient à peine plus fermes.

Parsemez de coriandre et de feta ou de labneh si vous souhaitez relever les saveurs et dégustez.

Flexible
Il ne s'agit pas d'un ingredient traditionnel de la tchoukchouka, mais du chorizo en dés mêlé à l'oignon rehaussera encore le plat. Non seulement il ajoute un parfum fumé, mais il enrichit la sauce de son huile rouge vibrante.

Soupes /Bouillons

Soupe de chou-fleur au fromage frais
et oignons doux rôtis

Voici une candidate au titre de ma recette préférée du livre – dès que je la vois, j'ai envie de terminer mon bol. Douce et crémeuse, je l'adore seule, mais l'addition des oignons rôtis caramélisés en fait une soupe vraiment spéciale. C'est si difficile de s'arrêter à un seul bol que j'ai prévu la recette pour huit portions.

---

50 g de beurre
1 oignon émincé
2 gousses d'ail, pelées et émincées
1 feuille de laurier
1 gros chou-fleur, divisé en petites fleurettes (il faut environ 800 g de fleurettes)
1 pomme de terre, pelée et coupée
500 ml de lait
750 ml de bouillon de légumes
300 g de fromage frais
1 cuil. à café de moutarde anglaise
Fleur de sel et poivre noir du moulin
1 cuil. à soupe de graines de nigelle, pour le service

Pour les oignons

4 gros oignons, pelés et coupés en 8
3 cuil. à soupe d'huile d'olive, plus pour servir
50 g de beurre
Quelques brins de thym

Préparation 1 heure/**Pour** 8

Préchauffez le four à 200°C (th. 6-7).

Répartissez les huitièmes d'oignon sur une plaque. Arrosez d'huile, parsemez de beurre et des brins de thym. Faites cuire pendant 30 à 45 min jusqu'à ce que les oignons soient dorés et caramélisés, en les tournant et en les enrobant de beurre plusieurs fois.

Pour la soupe, faites fondre le beurre dans une grande casserole. Ajoutez l'oignon et laissez-le cuire sans coloration. Associez l'ail, la feuille de laurier, le chou-fleur et la pomme de terre. Réduisez le feu, couvrez et laissez cuire pendant 15 min, en remuant de temps à autre. Veillez à ne pas laisser brunir les légumes. S'ils accrochent, ajoutez un peu d'eau.

Ôtez le couvercle et versez le lait et le bouillon. Laissez mijoter pendant 15 min, ou jusqu'à ce que le chou-fleur et la pomme de terre soient tendres et commencent à se défaire.

Versez le fromage frais dans un saladier avec la moutarde et battez à l'aide d'une cuillère en bois pour obtenir la consistance d'une crème fouettée. Ôtez la soupe du feu et prélevez le laurier. Mélangez deux tiers du mélange de fromage frais. Laissez tiédir, puis passez au robot ou au blender. La soupe sera lisse, soyeuse et il faudra sans doute procéder en deux fournées. Salez et poivrez au goût.

Servez la soupe chaude avec une bonne cuillerée de crème fouettée au fromage frais et des oignons doux rôtis. Parsemez de graines de nigelle et arrosez d'un filet d'huile d'olive.

Flexible

Ajoutez 75 g de pancetta en dés aux oignons à mi-cuisson et servez sur la soupe.

Soupe citrouille - pois du Cap
beurre de sauge et graines torréfiées

Confectionnez une grande marmite de cette soupe roborative et plongez dedans toute la semaine au déjeuner ou au dîner. La douceur de la citrouille ressort quand on la rôtit avec l'oignon, la carotte et l'ail, et le mariage avec le bouillon et les pois du Cap est un délice. Pour le service, ne vous passez pas du beurre de sauge et des graines de courge. Faciles à réaliser, ils font chanter la soupe.

Environ 1,25 kg de citrouille, pelée (soit environ 750 g de chair)
1 grosse carotte
1 gros oignon
3 gousses d'ail, pelées
Huile d'olive
2 cuil. à soupe de graines de courge
400 g de pois de Cap en boîte, avec leur jus
1½ litre de bouillon de légumes
Fleur de sel et poivre noir du moulin

Pour le beurre de sauge
50 g de beurre
Environ 6 grandes feuilles de sauge, finement ciselées
Un trait de jus de citron

Préparation 1 heure 20 min/**Pour** 6–8

Préchauffez le four à 200 °C (th. 6-7).

Coupez la citrouille, la carotte et l'oignon en morceaux de taille égale. Répartissez-les avec l'ail sur une plaque. Versez un bon filet d'huile d'olive, salez, poivrez et mélangez pour enrober d'huile. Enfournez pour 30 à 40 min jusqu'à ce que les légumes soient tendres et dorés.

Pendant ce temps, chauffez une petite poêle à feu moyen. Ajoutez les graines de courge et remuez jusqu'à ce qu'elles dorent et commencent à sauter dans la poêle. Salez légèrement et réservez.

Ôtez la plaque et versez les légumes dans un faitout. Chauffez à feu vif. Incorporez les pois et leur jus, ainsi que le bouillon. Portez à ébullition, puis baissez le feu et laissez frémir pendant 5 min.

Transférez dans un blender et passez la soupe, en plusieurs fois. Elle sera bien lisse. Complétez avec du bouillon si elle vous paraît trop épaisse. Ajustez le sel et le poivre au besoin et versez dans les bols.

Pour le beurre de sauge, faites fondre le beurre dans une poêle bien chaude. Quand il mousse, ajoutez la sauge ciselée. Faites frire pendant quelques secondes. Ôtez la poêle du feu, ajoutez un trait de jus de citron et versez immédiatement dans chaque bol. Parsemez de graines de citrouille et servez immédiatement.

Flexible
Faites frire 50 g de fines tranches de bacon ou de pancetta dans une petite poêle huilée juqu'à ce qu'elles commencent à dorer. Ajoutez les graines de courge et continuez jusqu'à ce que le bacon et les graines soient bien dorés. Essuyez sur du papier absorbant et répartissez sur les bols de soupe.

Soupe de maïs rôti

au sirop d'érable épicé

Riche, onctueuse, fumée et nourrissante, ma version d'une « chaudrée » végétarienne, pleine d'arômes, vous comblera. Le maïs au sirop d'érable épicé n'est pas obligatoire, mais ces « croûtons » sont délicieux parsemés sur la soupe… si vous ne les avez pas tous mangés avant le service. Difficile d'y résister !

---

2 épis de maïs
Huile d'olive
50 g de beurre
1 branche de céleri, émincée
1 poireau moyen, lavé, émincé
1 cuil. à café de paprika fumé doux
1 brin de thym
1 feuille de laurier
1 cuil. à soupe de farine
750 ml de lait
1 pomme de terre moyenne, pelée, et coupée en dés de 1 à 2 cm
Une pincée de flocons de piment
2 cuil. à café de sirop d'érable
1 cuil. à café bombée de moutarde
1 cuil. à soupe de persil haché
Un trait de jus de citron
Fleur de sel et poivre noir du moulin

Préparation 1 heure/**Pour** 4

Préchauffez le four à 200 °C (th. 6-7). Répartissez le maïs sur une plaque et enduisez-le légèrement d'huile d'olive. Salez et poivrez, enfournez pour 30 min, en retournant de temps en temps jusqu'à ce qu'il soit tendre et bien doré. Une fois cuit, laissez-le refroidir, puis égrainez-le à l'aide d'un couteau bien aiguisé.

Faites fondre les trois quarts du beurre dans une casserole et ajoutez le céleri, le poireau, le paprika fumé, le thym et le laurier. Laissez cuire 10 min jusqu'à ce que le céleri soit tendre.

Incorporez la farine, poursuivez la cuisson 30 s avant d'ajouter le lait, la pomme de terre et les trois quarts du maïs rôti. Portez à frémissement et laissez cuire 10 min jusqu'à ce que la pomme de terre soit cuite, sans se défaire.

Entre-temps, chauffez une petite poêle et déposez-y le reste du beurre.
Ajoutez le maïs réservé, les flocons de piment et le sirop d'érable. Faites revenir pendant environ 1 min pour enrober les grains dans le sirop bouillant, puis ôtez du feu. Versez sur une plaque recouverte d'un papier cuisson et laissez refroidir.

Enlevez le laurier et le thym de la chaudrée, ajoutez la moutarde, le persil, le trait de citron, le sel et le poivre. Goûtez et ajustez l'assaisonnement, puis servez avec des grains de maïs au sirop d'érable épicé en guise de croûtons.

Flexible
Pour une chaudrée de fruits de mer, portez 200 ml de vin blanc, 1 gousse d'ail écrasée et un petit bouquet de persil à ébullition dans un faitout. Ajoutez 500 g de palourdes fraîches, couvrez et laissez cuire 2 min, jusqu'à l'ouverture des coquillages. Passez et répartissez les parlourdes sur les bols de chaudrée (jetez les palourdes fermées).

Soupe d'épinards,
chapelure ail et citron

Il suffit de regarder cette soupe pour imaginer ses muscles grossir comme ceux d'un célèbre personnage de bande dessinée. Trop cuits, les épinards ont parfois un goût amer et métallique, aussi je les ajoute juste à la fin de la recette pour les faire suer avant de les passer. Ils gardent ainsi leur si jolie couleur verte.

---

40 g de beurre
1 poireau, émincé
1 botte d'oignons verts (cébettes), émincés
1 branche de céleri, émincée
1 pomme de terre moyenne, pelée et coupée en tranches fines
1 feuille de laurier
1 l de bouillon de légumes
500 g de feuilles d'épinards
100 g de crème fraîche (facultatif)
Fleur de sel et poivre noir du moulin

Pour la chapelure
2 tranches de pain blanc rassis
1 gousse d'ail, pelée
Le zeste d'un citron finement râpé
Huile d'olive
25 g de parmesan râpé ou son équivalent végétarien

Préparation 30 min/**Pour** 6–8

Faites fondre le beurre dans un faitout, puis faites revenir le poireau, les oignons verts, le céleri, la pomme de terre et le laurier pendant 2 min. Couvrez et laissez cuire pendant 10 min sans coloration. Remuez une fois ou deux pour éviter que les légumes attachent au fond de la casserole.

Incorporez le bouillon et portez à frémissement, couvrez et laissez cuire 5 min jusqu'à ce que la pomme de terre soit tendre.

Entre-temps, mettez le pain, l'ail et le zeste de citron dans un robot et mixez pour obtenir une chapelure. Chauffez un filet d'huile d'olive dans une poêle, puis ajoutez la chapelure. Remuez jusqu'à ce qu'elle soit dorée. Associez le parmesan, salez, poivrez.

Versez les épinards dans le faitout, petit à petit, pour les faire suer. Salez, poivrez, ôtez-les, puis passez la soupe pour qu'elle soit bien lisse et d'un vert éclatant.

Ajoutez la crème fraîche (facultative) et parsemez de chapelure citron et ail.

Flexible
Ajoutez une touche de salé en mixant 2 ou 3 filets d'anchois avec le pain, l'ail et le citron. Faites griller comme ci-dessus et savourez.

Soupe à la betterave rôtie,
panais et raifort

Veillez à ce que votre blender soit bien étanche quand vous passerez cette soupe… car personne n'a envie de voir une explosion de ce magnifique rose pourpre dans sa cuisine ! En plus d'une couleur incroyable, cette soupe nutritive au goût somptueux est très simple à cuisiner et peut être servie chaude ou froide.

---

750 g de betteraves crues
400 g de panais, pelés et coupés
Quelques brins de thym
6 gousses d'ail, avec leur peau
Huile d'olive
2 cuil. à soupe de raifort
5 cuil. à soupe de crème aigre
1 l de bouillon de légumes
1 cuil. à soupe de vinaigre de vin rouge
1 cuil. à soupe de sirop d'agave ou de miel
Fleur de sel et poivre noir du moulin
1 cuil. à soupe de ciboulette hachée, pour le service

Préparation 1 heure 15 min/**Pour** 6–8

Préchauffez le four à 200 °C (th. 6-7).

Ôtez les tiges, lavez les betteraves et coupez-les en quatre. Répartissez-les sur une plaque avec le panais, le thym et l'ail. Salez, poivrez, puis arrosez d'huile pour enrober les légumes. Couvrez d'une feuille de papier d'aluminium et enfournez pour 50 min à 1 h, ou jusqu'à ce que la betterave soit tendre quand on y enfonce une brochette.

Entre-temps, mixez le raifort avec la crème aigre.
Assaisonnez et réservez.

Une fois cuits, transférez la betterave et le panais dans le blender. Extrayez la pulpe d'ail de sa peau et ajoutez-la dans le blender avec le bouillon, le vinaigre de vin rouge et l'agave ou le miel.
Passez pour obtenir une texture bien lisse. Salez, poivrez.

Si vous la dégustez chaude, versez la soupe dans une casserole et portez à frémissement. Salez, poivrez. Servez avec une bonne cuillerée de crème aigre au raifort et parsemez de ciboulette.

Flexible
Servez cette soupe avec des blinis chauds, couverts de crème aigre au raifort et de fines tranches de saumon fumé ou de rosbif saignant.

Soupe carotte, noix de coco et cardamome

Une magnifique soupe pleine d'arômes épicés, facile à diviser en portions pour la congeler. Vous serez ravi d'avoir toujours sous la main ce déjeuner réconfort et diététique.

- 10 gousses de cardamome, écrasées
- ½ cuil. à café de graines de cumin
- ¼ cuil. à café de flocons de piment
- 2 cuil. à soupe d'huile d'olive
- 750 g de carottes, lavées et râpées
- 1 branche de céleri, finement émincée
- 15 g de gingembre, pelé et râpé
- 125 g de lentilles corail
- 800 ml de lait de coco
- 700 ml de bouillon de légumes
- Fleur de sel et poivre noir du moulin
- Une petite poignée de coriandre, pour le service
- Copeaux de noix de coco, grillés, pour le service

Préparation 40 min/**Pour** 6

Ouvrez les gousses de cardamome et écrasez les graines au mortier ou à l'aide de la lame d'un couteau.

Chauffez un faitout, ajoutez les graines de cardamome écrasées, les graines de cumin et le piment. Torréfiez 1 min afin de libérer les arômes.

Versez l'huile, puis les carottes, le céleri et le gingembre. Mélangez 1 à 2 min, puis incorporez les lentilles, le lait de coco et le bouillon. Portez à frémissement et laissez cuire pendant environ 20 min, à couvert, jusqu'à ce que les lentilles soient tendres.

Mixez la soupe qui doit être lisse et onctueuse. Salez et poivrez au goût. Versez dans des bols et parsemez de feuilles de coriandre, d'un peu de poivre et de quelques copeaux de noix de coco.

Flexible

Faites sauter quelques crevettes et posez-les simplement sur la soupe, pour un plat plus copieux. Leur douceur se marie à merveille avec ces délicats arômes.

Soupe céleri - pois du Cap,
croûtons de popcorn à la truffe

Certes, on connaît plus joli… mais une fois pelé et cuit, le céleri-rave possède un arôme extraordinaire. Ressemblant au céleri branche, son goût légèrement sucré rappelle la noix et il s'accorde très bien avec la douceur et l'onctuosité des pois du Cap. Pour impressionner vos convives, rehaussez votre soupe de popcorn à la truffe et au fromage. Ces « croûtons » si faciles à faire sont incroyablement délicieux.

---

2 cuil. à soupe d'huile d'olive
25 g de beurre
1 oignon, haché
1 céleri-rave, pelé, coupé en dés d'environ 2,5 cm
2 gousses d'ail, pelées et écrasées
1 feuille de laurier
1 l de bouillon de légumes
400 g de pois du Cap en boîte, égouttés
Fleur de sel et poivre noir du moulin

Pour le popcorn
Huile de tournesol
40 g de maïs à éclater
25 g de parmesan râpé ou son équivalent végétarien
1 cuil. à soupe d'huile de truffe
Fleur de sel

Préparation 40 min/**Pour** 4–6

Mettez l'huile et le beurre dans un faitout à feu doux. Quand le beurre a fondu, ajoutez l'oignon et faites revenir pendant environ 5 min sans coloration.

Incorporez le céleri-rave, l'ail et la feuille de laurier. Poursuivez la cuisson pendant quelques minutes avant de verser le bouillon et les pois du Cap. Augmentez le feu, portez à ébullition et couvrez. Réduisez le feu et mijotez pendant 15 à 20 min. Le céleri-rave sera bien tendre.

Ôtez le laurier, laissez tiédir et mixez jusqu'à l'obtention d'une soupe lisse et crémeuse. Si elle paraît trop épaisse, ajoutez un peu de bouillon ou même du lait. Salez, poivrez.

Pour le popcorn, faites chauffer une poêle à feu vif. Une fois chaude, huilez sa surface (2 cuil. à soupe devraient suffire). Ajoutez le maïs, enrobez d'huile, couvrez. Attendez l'éclatement, puis remuez la poêle plusieurs fois pendant la minute suivante ou jusqu'à ce qu'il s'interrompe.

Ôtez la poêle du feu. Transférez dans un bol, parsemez de parmesan, d'une pincée de sel et d'huile de truffe. Mêlez intimement.

Versez la soupe dans les bols et répartissez le popcorn. Présentez le reste de popcorn séparément.

Flexible
Ajoutez du jarret de porc cuit effiloché dans la soupe terminée et réchauffez à feu doux. Une bonne poignée par personne devrait suffire.

Bouillon nouilles de courgette et miso

Quand j'ai envie d'un bouillon léger et rafraîchissant, je pense immédiatement à cette recette. Pleine d'arômes éclatants, elle est assez rapide à faire. Je n'utilise pas souvent mon taille-légumes en spirale, mais pour cette soupe… je le ressors du placard. Les nouilles de courgette représentent une alternative légère aux nouilles de riz ou aux œufs. Mais pour un potage plus consistant, ne vous privez pas !

---

3 cuil. à soupe d'arachides non salées
1½ de bouillon de légumes
6 cuil. à soupe de pâte de miso blanc
2 gousses d'ail, pelées et écrasées
2½ cm gingembre, pelé et râpé
1 piment rouge, émincé
3 courgettes
4 oignons verts (cébettes), ciselés
150 g de tofu soyeux, égoutté, en dés
1½ cuil. à soupe de vinaigre de riz

Préparation 20 min/**Pour** 4

Faites chauffer une petite poêle à feu moyen. Ajoutez les arachides et remuez-les jusqu'à ce qu'elles dorent. Versez-les sur une planche et hachez-les grossièrement.
Réservez jusqu'au service.

Portez le bouillon à ébullition dans un faitout à feu fort, incorporez le miso, l'ail, le gingembre et le piment. Baissez le feu, remuez pour dissoudre le miso, puis laissez mijoter pendant 5 min.

À l'aide d'un taille-légumes en spirale ou d'un éplucheur julienne, découpez les courgettes en nouilles. Ou bien, avec un économe, taillez des bandes plus larges, type pappardelles. Versez la courgette dans le faitout avec les oignons verts, le tofu et le vinaigre de riz. Laissez réchauffer les nouilles pendant une minute, puis répartissez dans les bols. Parsemez d'arachides et servez.

Flexible
Du poulet ou du porc cuit, effilochés, se marient bien avec ce bouillon. Vous pouvez également ajouter 150 à 200 g de crevettes crues, épluchées, que vous cuirez 2 min dans le bouillon jusqu'à ce qu'elles deviennent roses.

Velouté crème de cajou et champignons

Ou comment offrir une nouvelle jeunesse au bon vieux velouté de champignons. Le secret pour les champignons consiste à les cuire à feu vif, plutôt que de les laisser mijoter au risque de les rendre spongieux et de les détremper. L'onctuosité provient des noix de cajou qui donnent un parfum inimitable à cette soupe. Une fois que vous aurez essayé cette crème de cajou, je parie que vous l'utiliserez dans d'autres recettes comme substitut aux produits laitiers.

---

125 g de noix de cajou
50 g de beurre
1 oignon, haché
2 gousses d'ail, pelées et écrasées
½ bouquet de thym, plus quelques brins pour le service
1 feuille de laurier
750 g de champignons mélangés en tranches de la même taille
750 ml de bouillon de légumes
1 cuil. à soupe de vinaigre de xérès
Fleur de sel et poivre noir du moulin
Huile d'olive, pour le service

Préparation 1 heure + trempage une nuit/**Pour** 4–6

Versez les noix de cajou dans un saladier et couvrez d'eau froide. Laissez gonfler toute la nuit, égouttez, puis rincez et transférez dans un blender avec 250 ml d'eau fraîche. Passez jusqu'à l'obtention d'une crème lisse et soyeuse.

Faites fondre le beurre dans un faitout à feu moyen. Faites sautez l'oignon, l'ail, le thym et la feuille de laurier pendant environ 10 min jusqu'à ce que les oignons soient dorés et commencent à caraméliser. Salez, poivrez.

Ajoutez les champignons et laissez cuire à feu moyen pendant environ 10 min, jusqu'à l'évaporation de l'eau de cuisson.

Versez le bouillon, portez à ébullition et mijotez à découvert pendant 10 min.

Ôtez le thym et le laurier. Passez la soupe au blender ou au robot. Elle sera bien lisse. Incorporez deux tiers de la crème de cajou et le vinaigre de xérès. Mixez, goûtez et rectifiez l'assaisonnement si nécessaire.

Versez dans les bols, ajoutez un nuage de crème de cajou et un filet d'huile d'olive, parsemez de thym.

Flexible
Faites griller 50 g de boudin noir et émiettez-le sur la soupe. Ses arômes terreux, mêlés à ceux des champignons, la crème de cajou et la touche acide du vinaigre de xérès se complètent parfaitement.

Ribollita à l'épeautre

Soupe italienne rustique, la ribollita, économique, roborative et succulente, emploie haricots, légumes et pain rassis. J'ai choisi la nouveauté en substituant l'épeautre au pain – plus sain avec ses fibres et ses protéines, et qui donne de la texture. Si vous avez vraiment faim, cette recette comblera deux bons appétits en plat principal, servi avec du pain frais.

Huile d'olive
1 gros oignon, émincé
1 grosse carotte, émincée
1 branche de céleri, ciselée
4 gousses d'ail, pelées et écrasées
1 feuille de laurier
Une pincée de flocons de piment
½ cuil. à café de graines de fenouil, écrasées
80 g d'épeautre
3 tomates olivettes mûres, concassées
600 ml de bouillon de légumes
400 g de haricots cannellini en boîte, égouttés
100 g de kale, chou palmier ou de Milan, tiges dures ôtées, ciselé
Fleur de sel et poivre noir du moulin
Huile d'olive extra-vierge, pour le service
Parmesan ou son équivalent végétarien (facultatif), pour le service

Préparation 50 min/ **Pour** 4 en repas léger, 2 en dîner

Chauffez le faitout avec un filet d'huile d'olive à feu moyen. Faites revenir l'oignon, la carotte, le céleri, l'ail et la feuille de laurier pendant 10 min pour les attendrir.

Ajoutez le piment, les graines de fenouil écrasées, l'épeautre, les tomates, le bouillon et les haricots. Portez à frémissement, couvrez et mijotez 20 min, jusqu'à ce que l'épeautre soit tendre.

Incorporez le kale et tous les légumes et, à reprise du frémissement, poursuivez pendant 10 min la cuisson, en complétant avec un peu de bouillon si nécessaire. Salez, donnez un tour de moulin de poivre noir.

Parfumez d'un filet d'huile d'olive et versez dans les bols Parsemez de parmesan si vous le souhaitez.

Flexible

Faites rissoler 100 g de pancetta, bacon ou chorizo en dés au début de la recette. Faites légèrement dorer avant d'ajouter l'oignon, la carotte et les autres ingrédients.

Laksa aubergine haricots verts

Dégustez ce délicieux bouillon épicé venu de Malaisie quand vous n'êtes pas en forme ou que vous avez besoin de changer d'air. La pâte peut être confectionnée à l'avance et conservée jusqu'à une semaine au réfrigérateur.

---

400 ml de lait de coco
500 ml de bouillon de légumes
1 grosse aubergine ou environ 350 g de mini-aubergines
200 g de haricots verts
75 g de nouilles de riz
Menthe ou coriandre, pour garnir

Pour la pâte de laksa
2 piments rouges, hachés
2 gousses d'ail, pelées
2 cm de gingembre, pelé et haché
1 tige de citronnelle, débarrassée des feuilles externes les plus dures et hachée
½ cuil. à café de curcuma
4 feuilles de combava, hachées
Un petit bouquet de coriandre haché
2 cuil. à soupe de beurre de cacahuète
2 cuil. à soupe d'huile de tournesol
1 cuil. à café de fleur de sel

Préparation 45 min/**Pour** 4

Disposez tous les ingrédients de la pâte dans un petit blender et mixez. Ajoutez un peu d'eau, s'ils ne s'associent pas bien.

Chauffez un wok ou une poêle à feu moyen. Faites revenir la pâte pendant 1 min, en mélangeant constamment pour éviter qu'elle ne brûle.

Baissez à feu doux. Incorporez le lait de coco et le bouillon, et portez à frémissement. Coupez l'aubergine en petits morceaux ou les mini-aubergines en deux dans le sens de la longueur. Quand le laksa frémit, ajoutez l'aubergine, et à la reprise de l'ébullition, poursuivez la cuisson pendant 8 à 10 min, jusqu'à ce que l'aubergine soit tendre.

Ajoutez les haricots verts dans le laksa et laissez cuire environ 5 min pour qu'ils soient tendres.

Entre-temps, préparez les nouilles selon les instructions du paquet, égouttez-les et répartissez-les dans quatre bols. Versez le laksa et parsemez de coriandre ou de menthe fraîche.

Flexible
Pour un laksa crevette, ajoutez 50 à 75 g de crevettes crues et épluchées par personne dans le laksa, après avoir ajouté les haricots. Faites-les cuire 2 min jusqu'à ce qu'elles deviennent roses. Pour un laksa poulet, ajoutez des aiguillettes de blanc de poulet dans la poêle quand vous faites revenir la pâte. Ou encore, ajoutez du poulet déjà cuit effiloché (des restes de poulet rôti, par exemple) dans chaque bol de laksa.

Petites assiettes

Pickles frits, salade de betteraves et aneth

J'ai essayé plusieurs types de cornichons ou de concombres marinés pour cette recette avant de choisir de gros cornichons aigres-doux. Évitez les plus vinaigrés, qui seraient trop forts. Si vous n'en trouvez pas en quartiers, coupez-les simplement en quatre dans le sens de la longueur avant de les enrober de chapelure.

Huile de tournesol, pour frire
Environ 16 quartiers de gros cornichons aigres-doux
100 g de chapelure
Une pincée de piment de Cayenne
5 cuil. à soupe de farine
100 ml de babeurre

Pour la salade
250 g de betterave cuite
1 échalote, ciselée
Un petit bouquet d'aneth ciselé
Le zeste râpé d'un citron
2 cuil. à café de jus de citron
3 cuil. à soupe de crème aigre
Fleur de sel

Préparation 20 min/**Pour** 4

Pour la salade, coupez la betterave en dés et mélangez-la avec l'échalote, l'aneth, le zeste et le jus de citron, et la crème aigre. Salez légèrement et réservez.

Chauffez une casserole remplie d'huile sur un tiers de sa hauteur à 180 °C. Si vous n'avez pas de thermomètre, mettez un petit morceau de pain dans l'huile. Il roussira en 30 s si l'huile est à bonne température.

Essuyez les cornichons avec du papier absorbant. Mélangez la chapelure, le piment de Cayenne et une pincée de sel. Saupoudrez les cornichons de farine, plongez-les dans le babeurre, puis recouvrez-les de chapelure.

Faites-les frire en plusieurs fournées pendant 3 à 4 min pour les dorer. Essuyez-les sur du papier absorbant et servez chaud et croustillant avec la salade betterave-aneth.

Flexible
Vous pouvez frire de nombreux ingrédients avec la même chapelure. Des aiguillettes de poulet cru (6–8 min), des crevettes géantes tigrées crues (2–3 min) ou même des tranches d'avocat (3–4 min).

Raviolis chinois
sauce sucrée et épicée

On confectionne ces raviolis en garnissant une feuille de wonton avec un mélange de légumes finement ciselés et / ou du porc avant de les faire cuire dans la même poêle. Ils ressemblent aux gyozas japonais et sont aussi amusants à réaliser. Attention à ne pas trop les remplir, au risque de les voir exploser à la cuisson. On trouve les feuilles fraîches ou surgelées dans les épiceries asiatiques ou sur Internet.

---

1 cuil. à soupe d'huile de sésame
3 cuil. à soupe d'huile d'arachide
150 g de shiitakes, finement émincés
2 oignons verts (cébettes), émincés
2 gousses d'ail, pelées et écrasées
2½ cm de gingembre, pelé et râpé
100 g de châtaignes d'eau, égouttées et finement émincées
75 g de pousses de bambou, égouttées et finement émincées
Une petite poignée de coriandre, finement ciselée
25 à 28 feuilles de wonton
Farine, pour saupoudrer

Pour la sauce
2 cuil. à soupe de sauce soja
1 cuil. à soupe de vinaigre de riz
1 cuil. à soupe de sucre semoule
½ cuil. à café de flocons de piment

Préparation 45 min/**Pour** 4–6

Chauffez l'huile de sésame et 1 cuil. à soupe d'huile d'arachide dans un poêle et faites revenir les champignons pendant 5 min pour les attendrir. Incorporez l'oignon vert, l'ail et le gingembre, et poursuivez la cuisson pendant 5 min. Transférez dans un saladier et ajoutez les châtaignes d'eau, les pousses de bambou et la coriandre. Salez et laissez tiédir au moins 10 min.

Pour confectionner les raviolis, posez les feuilles de wonton sur le plan de travail et couvrez d'un linge humide pour éviter qu'ils se dessèchent. Saupoudrez légèrement de farine une plaque et placez un bol rempli d'eau à côté.

Posez 1 cuil. à café de farce au milieu de la feuille, badigeonnez les bords d'eau, pliez la feuille en deux, en forme de demi-lune. Pincez et scellez les bords en serrant, puis réservez sur la plaque, rangés sur leur base. Répétez jusqu'à l'épuisement des ingrédients. Vous obtiendrez 25 à 28 pièces.

Chauffez les 2 cuil. à soupe restantes d'huile d'arachide dans une grande poêle non adhésive et à feu vif, ajoutez les raviolis sur leur base sans les superposer. Réduisez à feu moyen et faites griller pendant 2 min, jusqu'à ce que le fond soit doré.

Versez environ 1 cm d'eau dans la poêle, portez à ébullition, couvrez et réduisez à feu doux. Mijotez pendant 6 à 8 min,ou jusqu'à l'évaporation du liquide (s'il réduit trop vite, ajoutez un peu d'eau à mi-cuisson). Découvrez et faites griller 1 min de plus, jusqu'à ce que le fond soit croustillant.

Mélangez les ingrédients de la sauce et servez avec les raviolis.

Flexible
Substituez aux shiitakes la même quantité de porc ou de poulet haché, que vous cuirez comme ci-dessus.

Gnudis asperges

pesto de pousses de petits pois

Les gnudis, sorte de gnocchis confectionnés avec de la ricotta et de la semoule (à la place de la pomme de terre), ont une texture très légère. Ils demandent un peu de doigté, mais vous prendrez vite le pli… et le résultat en vaut la peine. Je les sers avec des petits pois et des asperges, et un délicieux pesto de pousses de petits pois. Léger, printanier, une entrée parfaite ou un plat à partager avec des fritti de courgette (p. 71).

---

350 g de ricotta
25 g de parmesan finement râpé
ou son équivalent végétarien
1 jaune d'œuf
Une généreuse râpure de noix de muscade
200 g de semoule
250 g d'asperges
125 g de petits pois surgelés
Fleur de sel et poivre noir du moulin

Pour le pesto
75 g de pousses de petits pois
20 g de basilic
1 gousse ail, pelée et écrasée
40 g de noix de pin
50 g de parmesan râpé ou
son équivalent végétarien
125 ml d'huile d'olive, pour le service

Préparation 40 min + 4 heures d'égouttage + repos une nuit
Pour 4

Tapissez une passoire d'une mousseline. Posez-la sur un saladier et versez la ricotta. Rassemblez les côtés du tissu et nouez en pressant à l'aide d'une ficelle ou d'un élastique. Laissez égoutter la ricotta pendant environ 4 h. Transférez la ricotta dans un saladier propre, ajoutez le parmesan, le jaune d'œuf, la muscade, le sel, le poivre et mélangez.

Répartissez la semoule sur une plaque tenant dans votre réfrigérateur. Roulez entre vos mains des boulettes de la taille d'une noix à partir du mélange, puis passez-les dans la semoule. Vous devriez obtenir 24 boulettes. Pressez chacune avec le dos d'une fourchette pour l'aplatir légèrement. Saupoudrez les gnudis d'un peu de semoule et glissez-les au réfrigérateur pour qu'elles sèchent, à découvert, environ 12 h. Plus longtemps vous les laisserez, plus elles seront fermes et se tiendront à la cuisson.

Pour le pesto, placez tous les ingrédients à l'exception de l'huile dans un mélangeur et mixez. Le moteur tournant lentement, ajoutez l'huile d'olive pour obtenir un pesto lisse. Salez, poivrez. Si vous ne l'utilisez pas immédiatement, couvrez d'huile pour éviter la décoloration.

Portez une grande casserole d'eau salée à ébullition. Ajoutez les asperges et les petits pois. Laissez cuire 2 min. Ôtez-les à l'aide d'une écumoire et réservez au chaud. Faites de nouveau bouillir l'eau et, en même temps, chauffez une grande poêle à feu moyen.

Secouez la semoule en excès sur les gnudis et placez-en délicatement une moitié dans l'eau frémissante. Laissez cuire doucement 2 min, où jusqu'à ce qu'ils remontent à la surface. Ôtez-les avec l'écumoire et déposez-les dans une passoire ou un tamis. Répétez avec les gnudis restants. Versez la moitié du pesto dans la poêle chaude. Ajoutez les asperges, les petits pois et les gnudis. Enrobez doucement de pesto et servez.

Flexible
Léger et délicat, le crabe se marie parfaitement avec les gnudis. Assaisonnez 100 g de chair de crabe avec un filet d'huile d'olive, un peu de jus de citron, une pincée de sel et un tour de moulin à poivre noir. Répartissez sur les gnudis au moment du service.

Fritti de courgettes,
fromage de chèvre au miel truffé

J'ai eu l'inspiration dans l'un de mes restaurants préférés de Londres, le Salt Yard, *qui regorge de tapas espagnoles ou italiennes. J'aime l'association des beignets de courgette et du chèvre crémeux, arrosés de miel à l'huile de truffe. Je suis certaine que vous les apprécierez aussi. Pour un délicieux déjeuner, mariez-les avec les gnudis asperges, pesto aux pousses de petits pois (p 68).*

---

150 g de farine
3 cuil. à soupe d'huile d'olive
200 ml d'eau
150 g de fromage de chèvre frais
50 g de fromage frais
1 cuil. à café de thym frais haché
2 cuil. à soupe de miel liquide
2 cuil. à café d'huile de truffe
4 courgettes moyennes
2 blancs d'œufs
Huile de tournesol, pour la friture
Fleur de sel et poivre noir du moulin

Préparation 40 min/**Pour** 4

Versez la farine dans un cul-de-poule avec 2 cuil. à soupe d'huile d'olive et une pincée de sel. Ajoutez l'eau en fouettant pour obtenir la consistance d'une crème fraîche. Couvrez et réservez au réfrigérateur pendant que vous préparez la suite.

Battez le chèvre, le fromage frais, le thym et 1 cuil. à soupe d'huile d'olive avec un fouet électrique jusqu'à ce qu'il soit léger et aérien. Ajoutez une pincée de sel si nécessaire et gardez au frais jusqu'au service.

Pour le miel truffé, mélangez simplement le miel et l'huile de truffe. Goûtez et ajoutez davantage d'huile si vous souhaitez un arôme truffé plus persistant.

Coupez les courgettes en tranches épaisses de 1 cm ou en forme de chips.

Fouettez les blancs en neige, puis incorporez-les à la pâte reposée.

Chauffez une casserole ou une friteuse remplie d'huile à environ un tiers de sa hauteur à 180 °C. Si vous n'avez pas de thermomètre, vous saurez qu'elle est assez chaude si un petit morceau de pain plongé dedans y dore en 30 s. En plusieurs fournées, plongez les morceaux de courgettes dans la pâte, laissez égoutter l'excès dans le saladier, puis faites-les frire dans l'huile chaude pendant 2 à 3 min jusqu'à ce qu'ils soient dorés.

Essuyez sur du papier absorbant avant de les répartir sur les assiettes. Ajoutez une quenelle de chèvre et arrosez d'un filet de miel truffé et d'un tour de moulin à poivre.

Flexible
Essayez les fritti de sardine. Plongez les filets de sardine lavés et essuyés dans la pâte et faites frire 2 à 3 min jusqu'à ce qu'ils soient dorés.

Tartine haricots, kale et tomate

Je travaille principalement à domicile et j'essaie de rendre mes déjeuners aussi variés et intéressants que possible. Je me lance même des défis pour faire des tartines en associant des ingrédients simples sortis du réfrigérateur ou du placard. Je ne les écris pas systématiquement, mais j'ai tellement adoré cette tartine aux haricots que j'ai tout de suite voulu la partager.

---

400 g de haricots blancs, pois du Cap, ou cannellini en boîte, égouttés
½ cuil. à café de paprika
1 petite gousse ail, pelée et écrasée
Le jus de ½ citron
3 cuil. à soupe d'huile d'olive extra-vierge
2 poignées de kale
2 ou 4 tranches (selon la taille) de ciabatta, pain blanc ou au levain
10 demi-tomates cerise fraîches, semi-séchées ou séchées
1 cuil. à soupe de graines de courge, torréfiées
Fleur de sel et poivre noir du moulin

Préparation 15 min/**Pour** 2

Versez les haricots dans un saladier et écrasez-les avec le paprika, l'ail, la moitié du jus de citron, 2 cuil. à soupe d'huile d'olive, du sel et du poivre.

Effilochez le kale en jetant les tiges dures. Placez-le dans un saladier et ajoutez le reste du jus de citron, 1 cuil. à soupe d'huile d'olive, du sel, du poivre, et mêlez intimement pour fatiguer le kale.

Grillez le pain des deux côtés pour qu'il soit tout juste doré. Tartinez l'écrasé de haricots, parsemez le kale et disposez les tomates par-dessus. N'oubliez pas les graines de courge et servez.

Flexible

Déconstruisez cette recette et faites-en un repas plus substantiel en ajoutant du poisson grillé. Réalisez l'écrasé de haricots de la même façon et répartissez-le sur une assiette. Dressez le kale et les tomates sur les haricots. Ajoutez enfin un filet de poisson grillé (par exemple du cabillaud, voir p. 177 pour les instructions). Saupoudrez de graines de courge et arrosez d'un généreux trait d'huile d'olive. Servez avec ou sans le pain grillé.

Houmous ail confit et citron

L'ail confit et le citron rôti doux amer magnifient ce simple houmous. Les arômes s'associent parfaitement pour le bol pastèque, tomate, houmous (ci-contre) mais dégustez-le comme vous le souhaitez : en dip avec des légumes, gressins ou crackers, étalé sur des sandwichs, wraps ou galettes de pain, sur des tartines, dans des pommes de terre au four, en salades ou même pour des burgers…

---

1 tête d'ail, pelée

Huile d'olive extra-vierge, plus pour arroser

2 citrons

800 g de pois chiches en boîte

5 cuil. à soupe de tahini

2 cuil. à café de fleur de sel

Préparation 55 min/**Pour** 6–8

Préchauffez le four à 180 °C (th. 6).

Frottez la tête d'ail d'huile d'olive et enveloppez-la dans un morceau de papier d'aluminium sans trop serrer. Posez-la sur une plaque.

Coupez les citrons en deux et ôtez tout pépin visible. Frottez à l'huile d'olive et posez sur la face coupée un morceau de papier sulfurisé aux bords relevés pour conserver le liquide. Posez sur la plaque avec l'ail. Enfournez. Au bout de 25 min, le citron devrait dorer et ramollir. Ôtez-le avec son papier et réservez. Poursuivez la cuisson de l'ail pendant 20 min.

Laissez tiédir l'ail, placez-le dans un robot. Ajoutez le jus de citron et sa pulpe, en jetant tous les pépins qui seraient restés.

Égouttez les pois chiches sur un saladier, réservez le liquide. Ajoutez-les dans le robot avec le tahini, 2 cuil. à soupe d'huile d'olive, le sel et 4 cuil. à soupe du liquide des pois chiches. Mixez. Si le houmous est trop épais, ajoutez un peu de liquide.

Transférez dans un bol, arrosez d'un trait d'huile d'olive extra-vierge et servez immédiatement ou conservez au réfrigérateur jusqu'à 5 jours.

Bol pastèque, tomate et houmous

Je ne me lasse jamais de ce bol – idéal par une journée ensoleillée quand je veux déjeuner en vitesse et sortir de la maison. Vous pouvez utiliser votre houmous préféré acheté en magasin, mais si vous avez cinq minutes, essayez de faire le vôtre. Ma recette préférée de houmous ail confit et citron se trouve ci-contre, mais vous en trouverez deux autres p. 156. Fromage blanc ou chèvre frais en couronne autour de la salade acidulée au centre se marient aussi superbement (photo page suivante).

½ petit oignon rouge, en rondelles fines
Vinaigre de vin rouge
500 g de tomates de diverses couleurs et tailles, parfaitement mûres
500 g de pastèque
Une poignée d'olives Kalamata dénoyautées et coupées en deux
½ à 1 piment rouge, émincé
Une poignée de menthe, hachée
Huile d'olive extra-vierge
Environ 300 g de houmous acheté ou fait maison
1 cuil. à café de sumac
Fleur de sel et poivre noir du moulin

Préparation 15 min/**Pour** 4

Déposez l'oignon dans un saladier et couvrez-le de vinaigre de vin rouge. Réservez pendant que vous préparez la suite. Ce traitement ôtera un peu de son « mordant » à l'oignon cru.

Coupez les tomates et la pastèque en morceaux en ôtant les graines de la pastèque et versez-les dans un saladier avec les olives, le piment, la menthe, un bon filet d'huile d'olive, du sel et du poivre. Ôtez l'oignon du vinaigre et incorporez-le. Versez 1 cuil. à soupe de vinaigre et mélangez le tout délicatement. Goûtez et rectifiez : plus de vinaigre pour plus d'acidité, plus d'huile pour plus de rondeur.

Divisez le houmous entre les quatre bols de service et étalez-le sur le fond. Versez la salade et la sauce présente au fond du saladier. Saupoudrez de sumac et servez.

Flexible

Vous pouvez associer des filets d'anchois marinés à cette salade – un beau mariage. Ou pour un repas très spécial, ajoutez quatre filets de thon de 100 g grillés. D'abord, assaisonnez et frottez-les à l'huile d'olive, puis faites-les cuire 1½ à 2 min sur chaque face, à la poêle ou au gril. Effeuillez les filets et servez-les tièdes ou froids, mélangés à la salade.

Frites de halloumi
et fattouche

Si vous n'avez jamais goûté ces frites de halloumi, il faut absolument essayer cette recette. Quelque chose d'incroyable se produit une fois le fromage enrobé de farine et frit : on ne peut plus s'en passer.
Je sais que le fromage frit n'est pas des plus diététiques, mais servez-le avec cette salade croustillante… vous soulagerez un peu votre conscience.

Huile de tournesol, pour la friture
375 g de halloumi
2 cuil. à soupe de farine
1 cuil. à café de paprika
½ cuil. à café de sumac

Pour le fattouche
1 pita
Huile d'olive extra-vierge
½ laitue romaine
3 tomates mûres
¼ de concombre, coupé en deux, égrainé
75 g de radis, coupés en 2 ou en 4
3 oignons verts (cébettes), hachés
Un petit bouquet de persil, haché
Un petit bouquet de menthe, haché
Le jus de ½ citron
2 cuil. à soupe de graines de grenade
1 cuil. à soupe de mélasse de grenade
4 cuil. à soupe de yaourt nature (entier)
Fleur de sel et poivre noir du moulin

Préparation 45 min/**Pour** 4

Préchauffez le four à 200 °C (th. 6-7). Au pinceau, brossez la pita avec un peu d'huile d'olive et enfournez-la pour 15 min jusqu'à ce qu'elle soit dorée et croustillante. Laissez tiédir, puis rompez en petits morceaux.

Coupez la laitue romaine, les tomates et le concombre en petits morceaux irréguliers que vous disposerez dans un saladier avec les radis, les oignons verts, le persil et la menthe. Mélangez avec le jus de citron et un bon filet d'huile d'olive extra-vierge. Salez, poivrez. Réservez pendant que vous réalisez les frites de halloumi.

Chauffez une casserole ou une friteuse remplie sur un tiers de la hauteur d'huile de tournesol à 180 °C. Elle est assez chaude quand un petit morceau de pain plongé dedans dore en 30 s.

Pendant que l'huile chauffe, coupez le halloumi en frites. Associez farine et paprika et enrobez le halloumi du mélange. Faites frire en plusieurs fournées pendant 2 min jusqu'à ce qu'elles soient dorées. Essuyez les frites sur du papier absorbant, servez-les sur les assiettes et parsemez de sumac.

Mélangez la pita cuite dans le fattouche, puis garnissez de graines de grenade et arrosez de mélasse de grenade et de yaourt nature.

Flexible
Ajoutez quelques « frites » de sardine au halloumi. Enrobez 8 sardines vidées et étêtées du mélange de farine et faites-les frire dans l'huile pendant 2 à 3 min jusqu'à ce qu'elles soient dorées.

Pakoras petits pois-carottes

Vous grignoterez ces bouchées épicées avant le dîner ou pour accompagner un repas indien. Changez de légumes en fonction de ce que vous avez sous la main : patate douce, courge, rutabaga ou céleri remplaceront la carotte. Et pensez au maïs au lieu des petits pois. Servez avec le chou-fleur épicé rôti (p. 83).

---

2 carottes moyennes, râpées
150 g de petits pois décongelés
4 oignons verts (cébettes), émincés
1 piment vert ou rouge, égrainé et finement haché
Un petit bouquet de coriandre, haché
1 cuil. à café de graines de moutarde noire
2 cuil. à café de garam masala
50 g de farine de pois chiches
50 g de farine levante
1 cuil. à café de fleur de sel
Huile de tournesol, pour la friture

Pour le service
4 cuil. à soupe de yaourt nature (entier)
1 cuil. à café sauce à la menthe
Chutney de mangue

Préparation 25 min/**Pour** 4

Versez les carottes râpées, les petits pois, les oignons verts, le piment, la coriandre, les graines de moutarde, le garam masala, les deux farines, le sel et 2 cuil. à soupe d'eau dans un saladier. Mélangez bien pour pouvoir façonner les boulettes. Ajoutez de l'eau, peu à peu, si nécessaire.

Chauffez environ 2,5 cm d'huile de tournesol dans une casserole. Lorsque l'huile frémit, ou quand vous plongez un peu de mélange et qu'il grésille, alors, l'huile est à température. Avec les mains, façonnez des boulettes de la taille d'une noix entière.

Faites frire pendant 2 à 3 min, par petites fournées, jusqu'à ce qu'elles soient dorées, en le retournant à mi-cuisson. Essuyez sur du papier absorbant.

Mélangez le yaourt et la sauce à la menthe dans un bol. Servez avec le yaourt à la menthe et/ou le chutney de mangue.

Flexible
Porc, poulet, bœuf ou agneau hachés sont ajoutés au mélange pour une version carnée des pakoras. Vous aurez besoin d'environ 100 g de haché. Divisez en deux les quantités de carotte et de petits pois. Mêlez intimement et façonnez des boulettes fermes. Faites frire comme ci-dessus, pendant 3 à 4 min jusqu'à ce qu'elles soient dorées et bien cuites.

Chou-fleur rôti épicé,

condiment mangue fraîche

Le chou-fleur, un merveilleux légume, qui se tient à la cuisson et accepte les épices les plus puissantes. Souvent je passe ses fleurettes au four, parfois enrobées de piment et de coriandre et servies avec un trait de citron, ou parfois parfumées de cannelle, cumin et paprika et accompagnées d'un yaourt à la harissa. Mais le plus souvent, j'utilise cette recette : un mélange puissant d'épices indiennes et un condiment frais, acidulé, à la mangue. Servez-le avec les pakoras petits pois-carottes *(p. 80).*

---

1 chou-fleur moyen
3 cuil. à soupe d'huile de tournesol ou d'arachide
1 cuil. à café de garam masala
1 cuil. à café de graines de cumin
½ cuil. à café de curcuma
½ cuil. à café de piment en poudre
Fleur de sel

Pour le condiment à la mangue
2 cuil. à café d'huile de tournesol ou d'arachide
1 cuil. à café de graines de moutarde
½ cuil. à café de graines de nigelle
1 mangue, pelée et coupée en petits dés (environ 5 mm–1 cm)
1 cuil. à soupe de vinaigre de vin blanc
1 cuil. à soupe de sucre en poudre
¼ cuil. à café de piment de poudre

Préparation 45 min/**Pour** 4

Préchauffez le four à 200 °C (th. 6-7).

Divisez le chou-fleur en fleurettes et disposez-les dans un grand cul-de-poule.

Dans un saladier, mélangez l'huile, le garam masala, les graines de cumin, le curcuma et le piment en poudre. Versez sur le chou-fleur et mélangez pour l'enrober. Transférez dans le four et faites cuire environ 30 min, en remuant la plaque de temps en temps, jusqu'à ce que le chou-fleur soit tendre et doré.

Pour le condiment à la mangue, chauffez l'huile dans une poêle et ajoutez les graines de moutarde et de nigelle. Laissez cuire 1 à 2 min jusqu'à ce que les graines de moutarde se mettent à éclater. Ajoutez les autres ingrédients avec 75 ml d'eau et laissez cuire à feu doux pendant 10 min, jusqu'à ce que la mangue soit cuite et commence à se défaire. Ôtez du feu et laissez tiédir.

Servez le chou-fleur salé à la fleur de sel et accompagné du condiment à la mangue.

Salade carottes et maïs rôtis

sauce moutarde au sirop d'érable

Servez cette salade douce, épicée et croustillante en entrée, en déjeuner léger, ou en accompagnement. Pour un plat plus substantiel, ajoutez du quinoa ou du couscous. J'aime utiliser des carottes de couleurs différentes pour l'esthétique. Épiceries et supermarchés en regorgent à la saison, alors ne vous en privez pas.

---

4 épis de maïs
500 g de carottes, lavées et pelées si nécessaire
Huile d'olive
Une pincée de flocons de piment
½ cuil. à café de coriandre moulue
75 g d'amandes entières blanchies
4 oignons verts (cébettes), coupés en sifflet
Une poignée de coriandre, hachée
Fleur de sel et poivre noir du moulin

Pour la sauce
2 cuil. à soupe d'huile de colza
2 cuil. à café de sirop d'érable
2 cuil. à café de moutarde
2 cuil. à café de vinaigre de cidre

Préparation 45 min/**Pour** 4

Préchauffez le four à 220 °C (th. 7-8).

Posez le maïs et les carottes sur une plaque et arrosez d'un filet généreux d'huile d'olive. Parsemez de piment et de coriandre moulue, salez, poivrez et enfournez pour 30 min, en remuant fréquemment jusqu'à ce que les carottes et le maïs soient cuits et colorés. Au cours des 10 dernières minutes, ajoutez les amandes sur la plaque, enrobez-les d'huile, et rôtissez-les avec les légumes pour les dorer.

Pour la sauce, associez tous les ingrédients dans un bol. Salez, poivrez. Mélangez au fouet.

Une fois cuits, découpez les épis de maïs à l'aide d'un couteau bien aiguisé dans un saladier. Coupez les carottes en plus petits morceaux si elles sont très grosses et ajoutez-les au maïs. Incorporez les amandes, les oignons verts et la coriandre fraîche. Versez la sauce sur la salade. Mélangez délicatement et servez chaud ou à température ambiante.

Flexible
Faites rôtir un poulet entier pour servir avec cette salade (voir p. 173). Ou faites griller des filets, de préférence avec leur peau pour un meilleur goût. Frottez-les avec un peu d'huile d'olive, puis assaisonnez. Grillez-les sur une petite plaque pendant 25 à 30 min en même temps que les carottes. Pour vérifier la cuisson du poulet, percez la chair, au niveau le plus épais, avec une brochette – le jus sera clair et non rosé.

Tacos haricots, patate douce et chipotle,
salsa à l'avocat

Des tacos qui réchauffent le cœur. Placez les tortillas grillées au centre de la table pour que chacun se serve dans les patates douces et les haricots fumés, épicés, la salsa aux gros morceaux d'avocat, la coriandre, un trait de citron et une bonne cuillérée de crème aigre. Impossible de les manger élégamment, mais comme tout le monde est plongé dans le sien… personne ne s'en rend compte !

---

2 cuil. à soupe d'huile d'olive
1 oignon rouge, haché
1 patate douce moyenne-grosse, pélée et coupée en cubes d'envion 1 cm
2 gousses d'ail, pelées et écrasées
1 cuil. à café de cumin en poudre
1 cuil. à café de cannelle en poudre
1 cuil. à soupe de pâte de chipotle
2 cuil. à soupe de concentré de tomate
400 g de haricots rouges ou de cornilles, avec leur jus
Fleur de sel et poivre noir du moulin
8 tortillas
Crème aigre, pour le service

Pour la salsa
1 gros avocat mûr, pelé et coupé en morceau
4 oignons verts (cébettes), finement émincés
2 tomates mûres, égrainées, en dés
2 citrons, en quartiers
Une poignée de coriandre hachée
2 cuil. à soupe d'huile d'olive extra-vierge
Fleur de sel et poivre noir du moulin

Préparation 40 min/**Pour** 8

Chauffez l'huile d'olive dans une grande poêle. Faites revenir l'oignon pour l'attendrir et ajoutez la patate douce, l'ail, le cumin et la cannelle. Laissez cuire pendant environ 2 min, versez la pâte de chipotle, le concentré de tomate et les haricots en boîte dans leur jus, plus 75 ml d'eau (si vous les avez égouttés, complétez par 175 ml d'eau). Salez, poivrez. Portez à ébullition, couvrez et laissez cuire à feu doux pendant 15 à 20 min, jusqu'à ce que la patate soit cuite et que la sauce ait bien épaissi. Ajoutez un peu d'eau si nécessaire.

Ensuite, confectionnez la salsa. Mélangez l'avocat, les oignons verts, la tomate concassée, le jus d'un demi-citron vert, la coriandre hachée et l'huile d'olive extra-vierge. Salez, poivrez et transférez dans le plat de service.

Réchauffez les tortillas une à la fois, soit à la poêle, pendant 30 s à 1 min sur chaque face, soit en les maintenant au-dessus d'une flamme jusqu'à ce qu'elles brunissent légèrement de chaque côté.

Versez le mélange haricots, patate douce et chipotle sur chaque tortilla et ajoutez l'avocat et une quenelle de crème aigre. Pressez un peu de citron vert et… dévorez !

Flexible
Substituez aux haricots environ 250 g de dés de blanc de poulet, côte de porc, bœuf ou agneau, que vous ajoutez dans la poêle à la patate douce.

Pêches grillées, burrata et pesto de menthe

Vous obtiendrez le double du pesto nécessaire pour la recette, mais il en vaut la peine. Utilisez-le un autre jour avec des légumes rôtis ou de l'agneau, dans un risotto ou des pâtes, mélangé avec des petits pois ou des asperges.

Si vous trouvez de la burrata, c'est la cerise sur le gâteau – faites-vous plaisir avec cette mozzarella enrichie en crème. Sinon, optez pour la mozzarella de bufflonne, plus facile à dénicher.

---

2 ou 3 pêches mûres
Huile d'olive
2 x 200 g de burrata
(ou mozzarella de bufflonne)

Pour le pesto
40 g de feuilles de menthe
40 g de parmesan râpé
ou son équivalent végétarien
40 g de pignons de pin
1 gousse d'ail, hachée
Le zeste râpé de 1 citron
100 ml d'huile d'olive extra-vierge
Fleur de sel et poivre noir du moulin

Préparation 20 min/**Pour** 4

Commencez par le pesto. Disposez tous les ingrédients sauf l'huile d'olive dans un robot, salez, poivrez, et mixez. Versez lentement l'huile d'olive et mélangez pour obtenir une texture lisse. Ajoutez de l'huile ou de l'eau pour détendre le pesto, si nécessaire.
Si vous ne l'utilisez pas immédiatement, couvrez la surface d'une couche d'huile pour éviter la décoloration.

Chauffez un gril à feu vif. Coupez les pêches en quarts et ôtez le noyau. Frottez avec un peu d'huile, salez et poivrez. Posez les quartiers face coupée sur le gril, et grillez une minute pour marquer la chair. Tournez et faites cuire l'autre face.

Transférez sur les assiettes. Découpez la burrata en morceaux et posez à côté des pêches. Arrosez de pesto. Ajoutez un filet d'huile d'olive et un tour de moulin à poivre.

Flexible
Essayez du Serrano ou du Parme avec ce plat. Un mariage… paradisiaque.

Tofu wasabi graines,
salade petits pois, edamame et radis

Le tofu est une toile blanche sur laquelle on peut composer les goûts. Ferme, il tient bien la cuisson. Aujourd'hui, je l'ai enrobé d'une pâte de wasabi pimentée et de graines de sésame avant de le cuire pour qu'il devienne croustillant… tout en restant fondant à l'intérieur. La délicate salade d'inspiration japonaise, délicieuse, se marie merveilleusement avec le tofu.

---

450 g de tofu soyeux
2 cuil. à café de pâte de wasabi
3 cuil. à soupe de graines de sésame
½ cuil. à café de sel
1 cuil. à soupe de fécule de maïs
Huile végétale, pour la friture

Pour la salade
100 g de petits pois décongelés
100 g d'edamames décongelés
150 g de radis en tranches ou en quartiers
10 g de gingembre mariné, en lanières
1 cuil. à soupe d'huile de sésame grillé
1 cuil. à soupe d'huile d'arachide
Le jus de 1 citron vert
2 cuil. à café de sauce soja
1 cuil. à café de miel

Préparation 20 min/**Pour** 4

Commencez par la salade. Versez les petits pois, les edamames, les radis et le gingembre dans un cul-de-poule. Dans un autre saladier, mêlez intimement l'huile de sésame, l'huile d'arachide, le jus de citron vert, la sauce soja et le miel, puis répartissez sur la salade. Mélangez bien.

Égouttez le tofu et coupez-le en huit tranches d'environ 1 cm d'épaisseur.
Essuyez-le sur du papier absorbant, puis étalez un peu de pâte de wasabi sur chaque face.

Associez graines de sésame, sel et fécule sur une assiette.
Pressez les tranches de tofu recouvertes de wasabi sur les graines pour bien les enrober.

Chauffez un peu d'huile dans la poêle à feu moyen.
Faites cuire les tranches de tofu 2 à 3 min sur chaque face jusqu'à ce qu'elles soient dorées.

Servez immédiatement avec la salade.

Flexible
Enrobez et grillez un steak à la place du tofu. Enrobez la même quantité de rumsteck ou d'entrecôte dans le wasabi et le mélange de graines et suivez la méthode ci-dessus pour la cuisson. Laissez reposer pendant environ 1 min avant de trancher et de servir avec la salade.

Salade figues, chèvre,
noix confites et orange

Parfois, le meilleur est le plus simple ; c'est la règle que j'ai suivie ici. Appréciez le délicieux contraste des goûts et des textures entre figues juteuses et succulentes, oranges acidulées, chèvre onctueux et noix sucrées et croquantes, le tout sublimé par l'assaisonnement piquant et acide.

---

100 g de demi-noix
3 cuil. à soupe de sucre semoule
1 cuil. à soupe de beurre
1 grosse orange
6 à 10 figues mûres, selon leur taille, coupées en quatre
200 g de fromage de chèvre

Pour l'assaisonnement
2 cuil. à soupe d'huile de noix
2 cuil. à soupe d'huile d'olive
Le zeste râpé de ½ orange
2 cuil. à soupe de vinaigre de vin blanc
1 cuil. à soupe de miel liquide
1 cuil. à café de moutarde
Fleur de sel et poivre noir du moulin

Préparation 25 min/**Pour** 4

D'abord, réalisez l'assaisonnement. Placez tous les ingrédients dans un petit bocal. Salez, poivrez, et secouez pour mélanger intimement. Vous pouvez également fouetter l'ensemble dans un bol.

Chauffez une poêle à feu moyen. Ajoutez les noix, le sucre et le beurre. Mélangez jusqu'à ce que le beurre et le sucre fondent et commencent à caraméliser. Enrobez les noix. Ôtez du feu et débarrassez sur une feuille de papier cuisson pour laisser refroidir.

Coupez les deux extrémités d'une orange et posez-la sur une planche. En suivant sa courbe, pelez-la à l'aide d'un couteau bien aiguisé. Prélevez chaque segment, en glissant le couteau le long de la membrane vers le centre de l'orange.

Répartissez figues et oranges sur une grande ou quatre petites assiettes. Émiettez le fromage de chèvre et parsemez de noix confites. Arrosez d'un filet d'assaisonnement et servez.

Flexible
Le magret de canard fumé se marie parfaitement à cette salade. Vous pouvez également griller deux filets ou du magret de canard. Dans une poêle chaude, versez un filet d'huile, assaisonnez le canard et posez-le sur la peau. Faites cuire à feu moyen 8 à 10 min, pour extraire la graisse et bien dorer la peau. Retournez les filets et finissez la cuisson dans un four préchauffé à 220 °C (th. 7-8) pendant 7 à 8 min. Débarrassez sur une planche et laissez reposer pendant quelques minutes avant de trancher et de servir avec la salade.

Galettes aux pois chiches grillés, tomate et labné

Super rapides, parfumées et diététiques – que demander de plus à ces galettes ? Si vous souhaitez faire votre labné (fromage de lait caillé), essayez la recette p. 153, très simple. Si vous manquez de temps (il doit se reposer une nuit durant), de nombreux supermarchés ou épiceries moyen-orientales en vendent. Yaourt à la grecque et houmous peuvent s'y substituer.

---

2 cuil. à soupe d'huile d'olive extra-vierge, plus pour le service
1 gousse d'ail, pelée et écrasée
½ cuil. à café de graines de cumin
Une pincée de flocons de piment
400 g de pois chiches en boîte égouttés
2 tomates bien mûres, coupées en petits morceaux
2 galettes de pain ou 2 tortillas
Une poignée d'olives noires dénoyautées
Une poignée de radis, coupés en quatre
¼ concombre, coupé en petits morceaux
une poignée de menthe, hachée
Une bonne cuillerée de labné (p. 153), de yaourt à la grecque ou de houmous
Un trait de mélasse de grenade
Fleur de sel et poivre noir du moulin

Préparation 15 min/**Pour** 2

Chauffez l'huile d'olive dans une poêle et ajoutez l'ail, le cumin, le piment et les pois chiches. Remuez pour réchauffer les pois chiches et les dorer. Incorporez les tomates et continuez de mélanger jusqu'à ce qu'elles s'attendrissent. Salez, poivrez.

Réchauffez les galettes l'une après l'autre en les tenant au-dessus d'une flamme pour les brunir sur chaque face ou sur une poêle environ 1 min de chaque côté.

Répartissez les pois chiches entre deux assiettes et parsemez d'olives noires, de radis, de concombre et de menthe. Versez le labné ou le yaourt à la grecque, et arrosez d'un filet de mélasse de grenade et d'huile d'olive extra-vierge. Servez avec les galettes grillées.

Flexible
L'agneau épouse superbement les accents moyen-orientaux de ce plat. Le délicieux filet de collier cuit très vite. Coupez 300 g en fines tranches ou en dés, puis grillez-les pendant quelques minutes avant d'ajouter les épices et les pois chiches. Il est meilleur rosé, veillez à ne pas le faire trop cuire.

Grandes assiettes

Ramen champignons fumés au thé

Fumer des ingrédients est assez simple. Pas besoin de fumoir, un wok recouvert de papier d'aluminium et sa grille suffisent. Et sinon, un plat à four moyen fera l'affaire.

Utilisez ces champignons fumés dans de nombreux plats, risotto, salades et pâtes, ou dans ce ramen – pour un bouillon réconfortant. La recette peut vous paraître longue, mais elle reste très simple et nécessite peu d'efforts.

Pour le mélange à fumer

2 étoiles de badiane
1 cuil. à café de poivre noir en grains
1 cuil. à café de graines de coriandre
125 g de riz non cuit
50 g de thé Earl Grey en vrac
75 g de sucre roux

Pour les champignons

4 gros champignons de Paris
4 cuil. à soupe d'huile d'olive extra-vierge
2 gousses d'ail, pelées et écrasées
1 cuil. à café de sauce soja

Pour le ramen

350 g de ramen, udon ou nouilles aux œufs
2 cuil. à cafe de sriracha (sauce pimentée)
1½ litre de bouillon de légumes chaud
100 g de pousses de soja
1 oignon rouge, finement émincé
4 oignons verts (cébettes), finement ciselés
2 piments rouges, finement ciselés
Un bouquet de coriandre
1 citron vert, en quartiers
Fleur de sel

Préparation 35 min/**Pour** 4

Préparez le mélange à fumer : écrasez la badiane, le poivre noir en grains et les graines de coriandre dans un mortier. Mélangez avec le riz, le thé et le sucre. Couvrez un wok d'une feuille de papier d'aluminium et placez le mélange au centre. Posez la grille par-dessus et veillez à ce qu'elle ne touche pas le mélange. Retirez la grille pour le moment.

Ôtez les pieds des champignons et coupez-les en 3 ou 4 tranches épaisses. Joignez l'huile d'olive, l'ail et la sauce soja et frottez les champignons. Posez les morceaux sur la grille.

Placez le wok à feu moyen et quand la fumée monte, installez la grille. Couvrez à l'aide d'un couvercle et – pour une sécurité supplémentaire et éviter d'être enfumé –, d'une feuille de papier d'aluminium. Réduisez à feu doux et laissez fumer pendant 20 min.

Pendant que les champignons fument, faites cuire les nouilles selon les instructions, égouttez et divisez dans quatre bols. Mélangez le sriracha avec le bouillon chaud. Goûtez et rectifiez le sel au besoin. Versez les nouilles tout en remuant.

Disposez les champignons fumés au-dessus des nouilles et ajoutez les pousses de soja, l'oignon rouge, les oignons verts et les piments. Garnissez de pluches de coriandre et de quartiers de citron vert.

Flexible

Essayez de fumer d'autres ingrédients avec cette même méthode : crevettes épluchées, aiguillettes de poulet, filets de poisson ou tranches de tofu. Comptez environ 20 min de fumage.

Mac 'n' cheese sudistes
effilochée de poireau

J'en ai fait des macaronis 'n' cheese *ces dernières années... et tous mettaient dans le mille en termes de nourriture réconfortante. Cette fois, j'ai trouvé ma recette préférée dans un esprit sudiste. J'utilise un mélange de fromages pour parachever le goût et la texture : Monterey Jack pour le crémeux et l'onctuosité, cheddar fumé pour le goût de noix et cheddar extra mature pour son mordant. Une fois la sauce incorporée aux pâtes, je parsème d'une chapelure d'herbes. Quel arôme ! Bien sûr, vous pouvez vous arrêter là et déguster, mais j'aime ajouter une effilochée de poireau... la cerise sur le gâteau.*

---

350 g de macaronis (ou pâtes courtes)
70 g de beurre
2 gousses d'ail, pelées et écrasées
50 g de farine
600 ml de lait entier
100 g de Monterey Jack, râpé
100 g de cheddar fumé, râpé
100 g de cheddar extra mature, râpé
50 g de panko (chapelure)
1 cuil. à café d'origan frais haché, ou ½ cuil. à café d'origan séché
Fleur de sel et poivre noir du moulin

Pour le poireau
1 poireau moyen
2 cuil. à soupe de farine
1 cuil. à café de paprika
Huile de tournesol, pour frire

Préparation 45 min/**Pour** 4

Préchauffez le four à 200 °C (th. 6-7).

Faites cuire les pâtes dans l'eau salée bouillante pendant 2 min de moins que les instructions, afin qu'elles soient plus qu'*al dente*.

Entre-temps, faites fondre 50 g de beurre dans une casserole moyenne. Ajoutez l'ail, laissez cuire 30 s, puis incorporez la farine. Attendez une minute de plus, puis versez lentement le lait en remuant pour obtenir une sauce lisse. Laissez frémir pendant 5 min, en fouettant sans cesse jusqu'à l'épaississement.

Ôtez du feu et versez les fromages et les pâtes égouttées. Salez, poivrez et transférez dans un grand plat à four ou des ramequins individuels.

Faites fondre les 20 g restants de beurre, puis mélangez avec l'origan et la chapelure. Parsemez sur les macaronis et enfournez pour 20 min jusqu'à ce qu'ils soient dorés et croustillants.

Pendant que les *mac 'n' cheese* cuisent, coupez le poireau en deux dans la longueur, puis découpez en morceaux de l'épaisseur d'une allumette. Rincez pour enlever toute particule de terre, secouez pour évacuer l'eau et essuyez à l'aide de papier absorbant. Versez dans un bol et mélangez intimement avec la farine et le paprika.

Chauffez environ 5 cm d'huile dans un wok ou dans une casserole, jusqu'à frémissement. En petites fournées, faites frire les poireaux environ 30 s jusqu'à ce qu'ils soient légèrement dorés. Essuyez sur du papier absorbant et salez.

Une fois les *mac 'n' cheese* cuits, servez avec l'effilochée de poireau, sur le côté ou par-dessus.

Flexible
Pour un apport carné à des portions individuelles, faites cuire les mac 'n' cheese *dans des ramequins. Tapissez l'intérieur de jambon de Parme ou de Serrano, en laissant dépasser les tranches par-dessus les bords. Remplissez de* mac 'n' cheese, *parsemez de chapelure et faites cuire selon la recette.*

Tourte crémeuse champignon, poireau, châtaigne

Le mélange champignon, poireau, châtaigne et thym est lié par une sauce soyeuse à base de Madère, de bouillon de cèpe et de mon joker... le tofu. Non seulement il est moins gras que la crème, mais il contient une bonne proportion de protéines.

---

20 g de cèpes séchés
300 g de tofu soyeux
40 g de beurre
2 cuil. à soupe d'huile d'olive
250 g de champignons de Paris blancs, coupés en deux
250 g de champignons de Paris rosés, en tranches épaisses
2 gros poireaux, émincés
4 gousses d'ail, pelées et écrasées
200 g de châtaignes prêtes à employer, hachées
Environ 2 cuil. à café de thym frais
2 cuil. à soupe de fécule de maïs
80 ml de Madère
2 cuil. à café de vinaigre de xérès
375 g de pâte feuilletée
Farine pour fariner le plan de travail
1 jaune d'œuf mélangé à 1 cuil. à soupe de lait
Une pincée de graines de pavot (facultatif)
Fleur de sel et poivre noir du moulin

Préparation 1 heure 15 min + 30 min trempage/**Pour** 4

Préchauffez le four à 200 °C (th. 6-7).

Placez les cèpes dans 400 ml d'eau bouillante et laissez-les tremper pendant 30 min. Égouttez et réservez le liquide.

Versez le tofu et le liquide réservé des cèpes dans un blender ou un robot et mixez jusqu'à l'obtention d'une texture lisse et onctueuse. Réservez.

Faites fondre la moitié du beurre avec 1 cuil. à soupe d'huile d'olive dans une grande poêle à feu vif et faites rissoler les champignons de Paris blancs et rosés pour les attendrir. Ils deviendront bruns. Ôtez de la poêle. Réduisez à feu doux, ajoutez le restant du beurre et les poireaux pendant quelques minutes jusqu'à ce qu'ils s'attendrissent et commencent à changer de couleur.

Ajoutez les cèpes, les champignons de Paris grillés, l'ail, les châtaignes et le thym. Poursuivez la cuisson 1 min. Mélangez la fécule au Madère pour faire une pâte, puis ajoutez dans la poêle avec le tofu et la « crème » de cèpes. Portez à frémissement et mijotez pendant 3 à 4 min pour que la sauce épaississe. Incorporez le vinaigre, salez, poivrez. Transférez dans une grande tourtière ou des ramequins et laissez tiédir.

Roulez la pâte sur une surface farinée jusqu'à ce qu'elle soit un peu plus grande que le(s) plat(s). Dorez les bords à l'œuf et posez la pâte en pressant les bords pour sceller. Dorez le dessus et répartissez les graines de pavot (facultatif). Percez un trou au centre pour laisser la vapeur s'échapper pendant la cuisson et disposez sur une plaque.

Enfournez pour 30 min ou jusqu'à ce que la pâte soit bien levée et dorée. Laissez reposer pendant 5 à 10 min avant de servir.

Flexible
C'est tellement bon... inutile d'en rajouter, mais si vous avez des restes de poulet, de dinde ou du jambon en dés, réduisez la quantité de champignons en conséquence et incorporez la viande cuite à la sauce, tout à la fin de la recette.

Poke épicé au tofu

Les poke (prononcez poké) se font connaître à Hawaï dans les années 1970 quand les pêcheurs ont l'idée de déconstruire le sushi avec leur poisson cru et du riz. Ce plat est devenu extrêmement populaire du fait de son adaptabilité. On en trouve de très diététiques… et de plus exubérants. Les variantes partent sur différentes bases, riz complet ou nouilles de courgette, accompagnées de toutes sortes de protéines : cubes de thon ou de saumon crus, poulet cuit, crabe, tofu, et autres ingrédients.

---

150 g de riz thaï jasmin
2 cuil. à soupe de vinaigre de riz
1 cuil. à café d'huile de sésame
1 cuil. à soupe de mirin
2 cuil. à soupe de sauce soja
Une pincée de flocons de piment
Jus de 1 citron vert
1 cuil. à café de graines de sésame grillées (noir ou blanc), plus pour le service
200 g de tofu soyeux, coupé en petits cubes
¼ de concombre, en tranches fines
1 avocat, en dés
2 oignons verts (cébettes), finement émincés
1 feuille de nori, déchirées en petits morceaux
Fleur de sel

Préparation 45 min/**Pour** 2

Versez le riz dans une casserole avec une pincée de sel et 200 ml d'eau. Portez à ébullition, couvrez et faites cuire à feu doux pendant 10 min sans enlever le couvercle. Ôtez du feu et laissez à couvert 5 min supplémentaires. Répartissez sur un plateau ou une assiette, arrosez de vinaigre de riz et faites refroidir.

Joignez l'huile de sésame, le mirin, la sauce de soja, le piment, le jus de citron vert et les graines de sésame dans un saladier. Ajoutez le tofu et le concombre, puis mélangez. Laissez mariner pendant environ 30 min.

Incorporez délicatement l'avocat dans le saladier. Divisez le riz dans deux bols et ajoutez, le mélange de tofu. Éparpillez l'oignon vert, des graines de sésame supplémentaires, le nori et l'assaisonnement restant dans le saladier.

Flexible

Au lieu d'utiliser du tofu, substituez-lui la même quantité d'un ingrédient traditionnel du poke : thon ou saumon cru. Le secret consiste à employer le poisson de la meilleure qualité possible et de le couper en petits cubes. Marinez comme le tofu et servez.

Pain de maïs au beurre d'érable

Associé à un plat épicé (ci-contre), la douceur et l'onctuosité de ce pain enlèvent son mordant au piment. Seul problème… Une fois qu'on l'a goûté, impossible de s'arrêter !

---

200 g de semoule de maïs ou polenta fine
150 g de farine
2 cuil. à café de bicarbonate de soude
1½ cuil. à café d'oignon semoule
1 œuf
300 ml de babeurre (lait ribot)
175 ml de lait
75 g de beurre, plus une noix
75 ml de sirop d'érable

Préparation 25 min/**Pour** 8

Préchauffez le four à 200 °C (th. 6-7).

Versez la semoule ou la polenta dans un cul-de-poule avec la farine, le bicarbonate de soude et l'oignon semoule.

Cassez l'œuf dans un pichet et mélangez avec le babeurre et le lait. Versez sur les ingrédients secs puis mélangez légèrement, sans trop insister au risque d'obtenir un pain de maïs un peu dur.

Chauffez une poêle non adhésive passant au four de 23 cm à 25 cm à feu vif avec une noix de beurre. En remuant la poêle, couvrez l'intérieur. Versez l'appareil et égalisez la surface. Enfournez pour 15 min, jusqu'à ce que le pain soit doré et juste ferme.

Pendant que le pain cuit, faites fondre le beurre et le sirop d'érable pour obtenir un sirop doré et sucré.

Dès que le pain est cuit, enrobez immédiatement de sirop d'érable au beurre. Remettez au four pendant 1 min, le beurre d'érable doit former des bulles autour de la poêle.

Ôtez du feu et servez chaud, en tranches ou directement depuis la poêle.

Flexible
Faites dorer 150 g de pancetta ou de bacon, puis ajoutez au beurre d'érable comme ci-dessus. Versez sur pain de maïs et enfournez 1 min supplémentaire.

Chili haricots rouges et guacamole maison

Consistant, riche, copieux, épicé et fumé – que demander de plus ? J'ai prévu de grosses portions dans cette recette… c'est parfait pour partager avec beaucoup d'amis. Posez la marmite sur la table et disposez les ingrédients du guacamole tout autour. N'oubliez pas le pain de maïs au beurre d'érable (ci-contre) pour un mariage d'exception. (Photo sur la page suivante.)

---

3 cuil. à soupe d'huile d'olive
2 gros oignons, finement émincés
6 gousses d'ail, écrasées
2 cuil. à café de graines de cumin, écrasées
2 étoiles de badiane
1 bâton de cannelle, rompu en deux
250 ml de vin rouge
4 x 400 g de haricots rouges en boîte, égouttés
2 x 400 g de tomates concassées en boîte
2 cuil. à soupe de concentré de tomates
3 poivrons rouges entiers rôtis en bocal, finement émincés
2 ½ cuil. à soupe de pâte de chipotle
2 cuil. à soupe de cacao en poudre
Une pincée de flocons de piment (facultatif)
Fleur de sel et poivre noir du moulin

Pour le guacamole maison
250 ml de crème aigre
2 cuil. à café de paprika
un bouquet de coriandre, haché
1 oignon rouge, finement émincé
1 piment vert, finement émincé
3 avocats mûrs, pelés, dénoyautés et coupés en tranches
2 citrons verts, coupés en quartiers

Préparation 1 heure/**Pour** 6–8

Chauffez l'huile dans une grande poêle. Ajoutez l'oignon, l'ail, les graines de cumin, la badiane et le bâton de cannelle et faites rissoler pendant 10 min jusqu'à ce que l'oignon soit tendre et doré.

Augmentez le feu et ajoutez le vin rouge. Portez à ébullition pendant 1 min puis réduisez le feu et ajoutez les haricots rouges, les tomates, le concentré de tomates, les poivrons rouges, la pâte de chipotle et le cacao en poudre. Salez, poivrez. Si vous souhaitez un chili épicé, introduisez une pincée de piments en flocon. Vous pouvez également l'ajouter à la fin de la recette, une fois le chili cuit… et quand vous l'aurez goûté.

Portez à frémissement, couvrez et laissez mijoter à feu doux pendant 35 à 45 min, en remuant assez souvent jusqu'à l'obtention d'une texture épaisse, onctueuse.

Pendant que le chili cuit, mélangez la crème aigre et le paprika. Disposez dans un saladier et placez les autres ingrédients du guacamole dans des bols de service disposés au centre de la table. Au moment de déguster, chacun se prépare son propre guacamole et sauce son chili avec du pain de maïs.

Flexible
Si la viande vous manque dans votre chili, substituez aux haricots rouges 1 kg de haché de bœuf ou de porc (ou un mélange des deux). Ajoutez-le dans la poêle après avoir fait sauter l'oignon, l'ail et les épices. Faites revenir à feu vif jusqu'à coloration. Versez le vin rouge et continuez comme ci-dessus. Vous pouvez également ajouter une boîte de haricots après le vin rouge si vous aimez.

Ragoût d'orge perlé et patate douce

salsa radis oignon vert

Un ragoût léger et estival, surmonté d'une salsa acidulée et croquante, si fraîche. J'aime le servir avec du labné (p. 153) pour son apport en protéines. Il est facile à faire ou disponible dans les grands supermarchés et les épiceries moyen-orientales. Vous pouvez également émietter de la feta.

---

2 cuil. à soupe d'huile d'olive
1 oignon, haché
2 gousses d'ail, pelées et écrasées
2 cuil. à café de graines de cumin
1 cuil. à café de paprika fumé fort
275 g d'orge perlé
750 ml de bouillon de légumes chaud
Environ 650 g (2 moyennes) de patate douce, pelée
1 cuil. à soupe de concentré de tomates
200 g de labné ou de feta
Fleur de sel et poivre noir du moulin

Pour la salsa
75 g de radis, finement émincés
5 oignons verts (cébettes), émincés
3 tomates, égrainées et concassées
Le jus de 1 citron vert
Une petite poignée de coriandre, hachée
2 cuil. à soupe d'huile d'olive extra-vierge

Préparation 45 min/**Pour** 4

Chauffez l'huile d'olive dans un faitout et faites revenir doucement l'oignon, l'ail, les graines de cumin et le paprika pendant 8 à 10 min jusqu'à caramélisation. Ajoutez l'orge perlé et mélangez pendant 30 s avant de verser le bouillon. Couvrez et laissez mijoter pendant 10 min.

Coupez les patates douces en morceaux de 2 à 3 cm et versez dans la marmite avec le concentré de tomates. Couvrez et poursuivez la cuisson pendant environ 15 min jusqu'à ce que la patate douce soit cuite. Salez, poivrez. Si le ragoût vous paraît un peu sec, complétez avec un peu de bouillon.

Pendant que le ragoût cuit, mélangez tous les ingrédients de la salsa. Salez, poivrez.

Servez le ragoût cuit avec la salsa répartie sur le dessus, parsemée de noisettes de labné ou de feta émiettée.

Flexible
Ajoutez environ 100 g de dés de chorizo dans la poêle avec les oignons pour obtenir un fumé plus prononcé et donner une profonde couleur rouge au ragoût.

Pilaf de boulgour

nectarines grillées et tzatziki

En saison, nectarines ou pêches sont délicieuses servies sur ce pilaf plein de saveurs. Mais je le fais également à d'autres moments, pour me rappeler les journées d'été et j'utilise alors des fruits de saison, figues ou prunes.

J'en profite pour vous confier cette belle recette de tzatziki, qu'il vaut mieux réaliser à l'avance afin de laisser développer les arômes.

---

2 cuil. à soupe d'huile d'olive, plus pour arroser
2 gros oignons, finement émincés
4 gousses d'ail, pelées et écrasées
1 feuille de laurier
½ cuil. à café de cannelle en poudre
200 g de boulgour
400 ml de bouillon de légumes
4 nectarines (pas trop mûres)
½ cuil. à café de piment de Cayenne
Un petit bouquet de persil, haché
100 g de feta
75 g de pistaches
Fleur de sel

Pour le tzatziki

¼ de concombre, pelé, coupe en deux, égrainé
1 cuil. à café de fleur de sel
1 petite gousse d'ail, écrasée
1 cuil. à café de vinaigre de vin rouge
1 cuil. à soupe de menthe finement hachée
100 g de yaourt à la grecque

Préparation 50 min/**Pour** 4

Pour le tzatziki, râpez ou hachez le concombre et déposez-le dans une passoire avant de le saler. Laissez-le égoutter pendant 10 min, avant de le presser pour en extraire le maximum d'eau. Mélangez avec l'ail, le vinaigre, la menthe et le yaourt. Salez, poivrez et gardez au frais.

Préchauffez le four à 200 °C (th. 6-7).

Chauffez 1 cuil. à soupe d'huile d'olive dans un faitout et faites cuire les oignons à feu doux pendant 10 min pour les dorer. Ajoutez l'ail, la feuille de laurier et la cannelle. Poursuivez la cuisson 5 min.

Incorporez le boulgour et le bouillon, et portez à ébullition. Couvrez et mijotez à feu doux pendant 10 min. Ôtez du feu, réservez, mais laissez le couvercle encore 10 min pour que le boulgour absorbe tout le bouillon.

Pendant la cuisson du boulgour, chauffez un gril à feu vif. Découpez chaque nectarine en quatre et ôtez les noyaux. Arrosez d'huile d'olive, ajoutez du sel et le piment de Cayenne. Posez le fruit côté coupé sur le gril chaud et grillez 1 min pour le marquer. Débarrassez précautionneusement à l'aide d'une spatule et posez sur une plaque. Enfournez pour 15 min jusqu'à ce que les nectarines soient tendres.

Égrainez le boulgour à la fourchette et ajoutez le persil. Mélangez, puis posez les nectarines. Parsemez de feta et de pistaches et ajoutez une bonne cuillérée de tzatziki.

Flexible

Vous pouvez ajouter de la viande ou du poisson. Essayez avec 400 g de médaillons de lotte passés au gril pendant 5 à 6 min en retournant à mi-cuisson. Servez avec les nectarines grillées. Pour un dîner durant la semaine, plus économique, coupez de l'agneau en tranches épaisses, frottez-les à l'huile d'olive, sel, piment de Cayenne et assaisonnez avec ½ cuil. à café de cannelle et ½ cuil. à café de coriandre moulues. Passez au gril pendant 5 à 6 min, en retournant à mi-cuisson. Laissez reposer pendant 2 min et servez avec ou sans les nectarines.

Tartes aux légumes de saison

Une recette pratique en toute saison. Commencez avec le même appareil à base de ricotta sur la pâte feuilletée, puis mélangez et associez la garniture en fonction de la saison et de vos goûts.

Vous pouvez confectionner une grande tarte, mais j'aime l'idée des tartelettes puisque vous pouvez les différencier en ajoutant de la viande ou du poisson.

---

1 pâte feuilletée, environ 350 g
250 g de ricotta
2 œufs, légèrement battus
50 g de parmesan râpé ou son équivalent végétarien
1 gousse ail, pelée et écrasée
Huile d'olive, pour arroser
Fleur de sel et poivre noir du moulin

Suggestions de saison

Été = 450 g de tomates en quartiers, 1 courgette émincée et une poignée de basilic
Automne = 1 butternut moyenne, en tranches, arrosée d'huile et rôtie, 1 cuil. à soupe de sauge hachée et une poignée de pignons torréfiés
Hiver = 350 g de betteraves cuites en rondelles, 1 cuil. à café de thym haché et 1 grosse poignée de noix concassées
Printemps = 250 g de pointes d'asperge, 1 poignée de menthe hachée et 150 g de petits pois décongelés

Préparation 40 min/**Pour** 4

Préchauffez le four à 200 °C (th. 6-7).

Déroulez la pâte et posez sur une plaque non adhésive. Si vous réalisez des tartelettes, coupez 4 rectangles et posez-les en veillant à les écarter. Piquez plusieurs fois à l'aide d'une fourchette.

Mélangez la ricotta, les œufs, le parmesan, l'ail, le sel, l'assaisonnement et les herbes choisies en fonction de la saison. Versez l'appareil sur la pâte en laissant un bord d'environ 1 cm.

Disposez votre garniture au-dessus du mélange de ricotta, pressez légèrement. Arrosez d'huile d'olive, salez, poivrez. Enfournez pour 30 min pour une tarte ou 20 min pour des tartelettes, jusqu'à ce que le mélange de ricotta soit pris et doré.

Sortez du four et servez chaud ou froid.

Flexible

Ajoutez 250 g de saumon, truite, ou maquereau fumé tiède effeuillé au-dessus de la tarte avant d'enfourner. Ou bien essayez 100 g de viande fumée, jambon de Parme ou Serrano, chorizo ou salami (ces derniers sont délicieux avec les garnitures été, automne et printemps). 100 g de magret ou de poulet fumé épouseront la garniture hiver.

Légumes d'été rôtis

piment et haricots Borlotti

Une recette qui vous sauvera quand vous croyez ne plus rien avoir en réserve pour le dîner. Parfaite en plat principal équilibré pour deux ou bien servie en accompagnement d'un poulet rôti (p. 173) et de couscous au citron pour vos amis amateurs de viande.

---

1 gros oignon rouge, pelé, coupé en quartiers
1 bulbe de fenouil, coupé en quartiers assez fins
1 grosse courgette, en rondelles d'environ 1 cm
1 piment rouge ou vert, coupé en deux, égrainé
4 feuilles de laurier
Huile d'olive
3 tomates mûres, coupées en quatre
400 g de haricots Borlotti en boîte, égouttés
Une poignée d'olives noires dénoyautées
80 ml de vin blanc
Fleur de sel et poivre noir du moulin

Préparation 50 min/**Pour** 2

Préchauffez le four à 220 °C (th. 7-8).

Disposez l'oignon, le fenouil, la courgette, le piment et le laurier dans une plaque assez grande pour ne pas les tasser. Versez un bon filet d'huile d'olive, salez, poivrez et mélangez.

Enfournez pour 20 min, en remuant une fois ou deux, jusqu'à ce qu'ils s'attendrissent et colorent. Ajoutez les tomates et poursuivez la cuisson pendant 10 min.

Joignez les haricots, les olives et le vin blanc. Ajoutez 5 min de cuisson supplémentaire. Les tomates ne se défont pas, mais les jus bouillonnent sur la plaque.

Servez brûlant dès la sortie du four… ou à température ambiante.

Flexible

J'adore le bar dans cette recette, notamment pour sa texture et son goût incroyables… et parce qu'il cuit vite. Après les 20 premières minutes de cuisson des légumes, posez deux filets de bar (assaisonnés et frottés à l'huile d'olive). Répartissez les tomates tout autour. Remettez au four et continuez comme ci-dessus, pour une cuisson totale du poisson de 15 min. Essayez également d'ajouter 100 g de dés de chorizo dans la poêle avec les légumes. Les huiles d'un rouge profond et les arômes fumés se marient bien avec les autres ingrédients.

Frites de patate douce

Il vous faudra un ou deux accompagnements pour servir l'Ultime burger végétarien (ci-contre). Impossible de résister au croustillant de ces frites et au croquant d'un coleslaw maison à la fois crémeux et acidulé.

---

4 grosses patates douces
1 ½ cuil. à soupe de polenta fine
½ cuil. à café de paprika
Huile d'olive
Fleur de sel et poivre noir du moulin

Préparation 40–45 min/**Pour** 4

Préchauffez le four à 220 °C (th. 7-8).

Pelez les patates et coupez en forme de frites de 1 cm de large. Rincez à l'eau froide et essuyez. Répartissez sur une plaque. Saupoudrez de polenta, de paprika, d'une pincée de sel, de poivre et d'un filet d'huile d'olive (c'est suffisant pour enrober les patates). Mélangez et enfournez pour 30 à 40 min, en remuant de temps à autre… elles seront dorées et croustillantes.

Coleslaw fenouil radis

---

1 pomme à peau rouge, Braeburn ou Pink Lady
1 cuil. à soupe de jus de citron
½ bulbe de fenouil
¼ de chou rouge
125 g de radis
2 échalotes, pelées
125 g de crème fraîche
50 g de yaourt nature (entier)
2 cuil. à café de moutarde
2 cuil. à café de vinaigre de cidre
1 cuil. à café sel au céleri
Fleur de sel et poivre noir du moulin

Préparation 15 min + 1h de repos/**Pour** 6–8

Enlevez le trognon de la pomme et coupez-la en julienne. Versez dans un saladier et mélangez avec le jus de citron.

Coupez très finement le fenouil, le chou, les radis et les échalotes à l'aide d'un couteau tranchant, d'une mandoline ou d'un robot. Ajoutez à la pomme et mélangez le tout.

Joignez la crème fraîche, le yaourt, la moutarde, le vinaigre de cidre et le sel au céleri. Donnez un bon tour de moulin à poivre et incorporez aux légumes. Rectifiez l'assaisonnement.

Réfrigérez pendant au moins 1 h pour que les légumes absorbent l'assaisonnement et que les arômes se développent.

Ultime burger végétarien

confiture d'oignons, mayonnaise à la harissa

Quand on voit un burger végétarien, on pense souvent diététique… mais cette recette décadente vous comblera ! Fromage fumé fondu, buns briochés, oignons caramélisés, mayonnaise épicée, cornichons et laitue. Pour l'expérience ultime, servez avec les Frites de patate douce et le Coleslaw fenouil radis (ci-contre). (Photo page suivante.)

Pour le burger

Huile d'olive
250–300 g de champignons de Paris, coupés en morceaux d'environ 1½ cm
1 grosse aubergine (environ 400 g), coupée en morceaux d'environ 1½ cm
6 gousses d'ail, pelées et écrasées
3 cuil. à soupe de sauce brune anglaise (HP ou Daddies)
175 g de chapelure
1 œuf
1½ cuil. à café d'un mélange d'herbes séchées
Sel et poivre du moulin

Pour la confiture d'oignons

25 g de beurre
3 oignons rouges, émincés
1 gousse d'ail, pelée et écrasée
60 ml de vinaigre balsamique
2 cuil. à soupe de vergeoise brune

Pour le service

4 buns briochés, coupés en deux
100 g de cheddar fumé
6 cuil. à soupe de mayonnaise
1–2 cuil. à café de harissa
Feuilles de laitue (romaine)
Concombres aigres-doux en rondelles

Préparation 1 h + 1 h de refroidissement /**Pour** 4

Pour la confiture, faites fondre le beurre dans une grande poêle. Ajoutez l'oignon émincé et l'ail, assaisonnez généreusement. Faites cuire à feu moyen jusqu'à caramélisation, environ 20 min. Augmentez le feu et versez le vinaigre balsamique pour déglacer. Ajoutez le sucre et poursuivez la cuisson 5 min, rectifiez l'assaisonnement. Laissez refroidir à température ambiante.

Pour les burgers, chauffez 2 cuil. à soupe d'huile d'olive dans une grande sauteuse et rissolez les champignons à feu vif pour qu'ils colorent et relâchent leur eau. Laissez-les refroidir dans un saladier. Remettez la sauteuse sur le feu. Chauffez deux autres 2 cuil. à soupe d'huile et faites revenir l'aubergine jusqu'à ce qu'elle soit dorée et tendre, en la remuant pour qu'elle ne brûle pas. Enlevez du feu et laissez également refroidir.

Placez les champignons et l'aubergine dans un robot avec l'ail, la sauce brune, le chapelure, l'œuf et les herbes. Salez, poivrez et mixez. Avec vos mains humidifiées, façonnez quatre burgers épais que vous poserez sur une plaque ou une assiette recouverte de papier cuisson. Réservez au frais pendant 1 h.

Chauffez un filet d'huile d'olive dans une poêle. Faites griller les burgers à feu moyen pendant 4 min sur chaque face.

Préchauffez le gril à feu vif. Coupez les buns en deux et faites griller les faces coupées. En même temps, posez le fromage sur les burgers et passez sous le gril. Mélangez mayonnaise et harissa. Tartinez la moitié inférieure des buns, puis ajoutez la romaine et une cuillère de confiture d'oignons. Posez le burger, des rondelles de cornichons et une cuillérée de mayonnaise à la harissa. Pressez légèrement la partie supérieure du bun.

Flexible

Pour un burger carné plus traditionnel, faites revenir un oignon émincé et 2 gousses d'ail dans 25 g de beurre. Laissez refroidir, puis mélangez avec 600 g de steak haché de bonne qualité, des lardons taillés dans 6 tranches de lard fumé, 1 œuf battu, 1 cuil. à café de moutarde. Salez et poivrez généreusement. Façonnez quatre burgers et laissez refroidir pendant 30 min. Faites griller dans l'huile d'olive pendant 3 à 4 min sur chaque face (à point), posez le fromage et faites fondre sous le gril.

Boulettes aubergine quinoa

à la sauce tomate

Elles ressemblent à des boulettes à la viande et en ont (presque) le goût – elles surprendront vos invités quand ils réaliseront qu'elles sont végétariennes. J'aime les servir avec une sauce tomate maison, des spaghettis et des copeaux de parmesan. Essayez-les aussi à l'apéritif sur une mini-brochette avec la même sauce (en dip) ou dans une galette de pain avec de la salade et un aïoli.

---

100 g de quinoa
Huile d'olive
1 oignon, finement émincé
2 gousses d'ail, pelées et écrasées
2 grosses aubergines (environ 650 g), coupées en petits dés (environ 5 mm)
75 g de chapelure
50 g de parmesan ou son équivalent végétarien, plus pour le service
50 g d'olives noires dénoyautées, finement coupées
1 œuf, légèrement battu
4 cuil. à soupe de graines de chia
Une petite poignée de basilic
Spaghettis ou autres pates cuites, pour le service
Fleur de sel et poivre noir du moulin

Pour la sauce
2 x 400 g de tomates concassées en boîte
185 ml de vin rouge
2 gousses d'ail, pelées et écrasées
2 cuil. à soupe d'huile d'olive
1 cuil. à café de vinaigre balsamique
1 cuil. à café de sucre semoule

Préparation 1 h + environ 1 h de refroidissement/**Pour** 6

Pour le quinoa, chauffez une sauteuse à feu vif. Ajoutez le quinoa, remuez pendant 30 s. Versez 250 ml d'eau et portez à ébullition pendant une minute. Réduisez à feu doux. Couvrez et faites cuire pendant 10 min. Éteignez le feu et laissez le couvercle pendant 5 min supplémentaires avant de l'ôter et d'égrainer le quinoa à la fourchette.

Chauffez un filet d'huile dans une grande poêle à feu moyen. Ajoutez l'oignon et faites-le rissoler pendant 5 min sans coloration. Joignez l'ail et l'aubergine. Faites revenir 10 à 12 min jusqu'à ce que l'aubergine soit bien tendre. Enlevez du feu, transférez dans un saladier et laissez refroidir pendant 10 min.

Introduisez le mélange aubergine-oignon, le quinoa, la chapelure, le parmesan, les olives, l'œuf, les graines de chia et le basilic dans un robot. Salez, poivrez, puis mixez jusqu'à ce que l'ensemble se tienne. Façonnez des boulettes de la taille d'une balle de golf, environ 30 au total. Réservez au frais pendant 1 h sur un plateau recouvert de papier cuisson ou de film alimentaire.

Pour la sauce, versez tous les ingrédients dans une casserole, assaisonnez et portez à ébullition. Mijotez à feu doux pendant 20 à 30 min jusqu'à l'épaississement des tomates (le temps dépendra des tomates utilisées).

Chauffez un filet d'huile d'olive dans une poêle non adhésive. Ajoutez les boulettes et faites cuire à feu moyen, en les retournant fréquemment, jusqu'à ce qu'elles soient dorées. En fonction de la taille de votre poêle, il faudra peut-être les cuire en deux fournées.

Ajoutez délicatement la sauce tomate, versez sur les spaghettis cuits et parsemez de parmesan.

Flexible
Substituez à l'aubergine 500 g de haché de bœuf, poulet, porc ou agneau. Faites revenir l'oignon et laissez tiédir avant de mélanger le haché cru et les autres ingrédients. Façonnez les boulettes et réfrigérez. Faites cuire les boulettes à feu moyen comme ci-dessus pendant 12 à 15 min, en les retournant pour qu'elles dorent. Versez la sauce, réchauffez et servez les spaghettis.

Lentilles braisées et steaks de chou-fleur

gremolata à la noix du Brésil

Qui aurait cru que l'humble chou-fleur connaîtrait tant d'utilisations ? Fini le temps où, trop cuit à l'eau, on le cachait derrière un rôti. Rapidement passé au robot, il donne un couscous ou une sorte de riz. Il est délicieux enrobé d'épices et rôti entier ou en fleurettes (voir le Chou-fleur épicé rôti, p. 83) ou tranché en steaks épais comme ici. Un plat qui impressionnera vos convives.

---

4 cuil. à soupe d'huile d'olive
1 oignon, finement ciselé
2 gousses d'ail, pelées et écrasées
1 tige de céleri branche, finement coupée
2 cuil. à café de graines de fenouil, écrasées
2 feuilles de laurier
2 brins de thym
150 ml de vin blanc
250 g de lentilles du Puy
20 g de champignons déshydratés
2 cuil. à soupe de concentré de tomates
1 l de bouillon de légumes
2 choux-fleurs moyens
Fleur de sel et poivre noir du moulin

Pour la gremolata
75 g de noix du Brésil, hachées
Un petit bouquet de persil, haché
Un petit bouquet de basilic, haché
Le zeste finement râpé et le jus de ½ citron

Préparation 1 h 15 min/**Pour** 4

Préchauffez le four à 180 °C (th. 6).

Chauffez 2 cuil. à soupe d'huile d'olive dans une poêle passant au four ou une cocotte. Ajoutez l'oignon, l'ail, le céleri, les graines de fenouil, le laurier et le thym. Faites cuire 10 min à feu doux-moyen pour attendrir les légumes.

Augmentez le feu et versez le vin. Portez à ébullition et faites réduire de moitié. Joignez les lentilles, les champignons déshydratés, le concentré de tomates et le bouillon de légumes. Portez à frémissement, couvrez, enfournez pour 30 min. Ôtez le couvercle et poursuivez la cuisson pendant 20 min.

Pendant que les lentilles mijotent, enlevez les feuilles des choux-fleurs et coupez deux « steaks » d'environ 1 à 2 cm d'épaisseur dans la partie la plus charnue de chacun. (Vous utiliserez le reste par exemple pour la Soupe de chou-fleur au fromage frais, p. 41.)

Chauffez 1 cuil. à soupe d'huile d'olive dans une grande poêle. Rissolez les steaks pendant environ 2 min sur chaque face jusqu'à ce qu'ils soient dorés. Procédez en plusieurs fournées, selon la taille de la poêle, en ajoutant de l'huile au besoin. Transférez sur une plaque. Salez, poivrez, et enfournez pour 15 min jusqu'à ce qu'ils soient tendres.

Pour la gremolata, torréfiez les noix du Brésil au four pendant 6 à 8 min jusqu'à ce qu'elles soient dorées. Laissez tiédir, puis mélangez avec les herbes, le jus et le zeste de citron. Salez, poivrez.

Ôtez le thym et le laurier des lentilles et rectifiez l'assaisonnement. Servez sur les assiettes et posez les steaks par-dessus. Finissez en parsemant de gremolata.

Flexible
Alternative magnifique au chou-fleur, essayez avec des filets de poissons grillés, un par personne, cabillaud, haddock, colin, lieu noir ou jaune. Versez un filet d'huile d'olive dans une poêle à feu moyen. Enrobez légèrement le poisson dans la farine assaisonnée et grillez sur la peau pendant 2 à 3 min. Retournez et prolongez la cuisson au four, avec les lentilles pendant 6 à 8 min, selon l'épaisseur des filets.

Salade haricots et champignons rôtis à la cajun

sauce crémeuse cajou citron vert

Une salade diététique et pleine d'arômes qui couvre tous les besoins : légumes verts croquants, protéines et fibres. Mais vous me donnerez des nouvelles de la sauce cajou – citron vert – vous pourrez la refaire pour d'autres salades et même… en dip. Une fois réalisée, conservez-la jusqu'à 5 jours au réfrigérateur. Remuez avant d'utiliser.

---

2 gousses d'ail, pelées et écrasées
1 cuil. à café d'origan séché
1 cuil. à café de paprika
Une pincée de flocons de piment
1 cuil. à café de cumin moulu
3 cuil. à soupe d'huile d'olive
1 cuil. à café de fleur de sel
4 gros pleurotes
2 grosses patates douces, pelées et coupées en petits morceaux
150 g de broccolini, coupé en petits morceaux
100 g de haricots verts, coupés en deux
100 g de kale, déchiré en lanières
2 x 400 g de haricots rouges, Cornille, Cannellini, Borlotti ou Pois du Cap, en boîte, égouttés
1 bouquet d'oignons verts (cébettes), hachés
Poivre noir fraîchement moulu

Pour la sauce
80 g de noix de cajou
80 ml d'huile d'olive extra-vierge
½ cuil. à café de fleur de sel
Le jus de 1 citron vert
Un petit bouquet de coriandre
½ piment vert

Préparation 45 min + 2 h de trempage/**Pour** 4

Pour la sauce, trempez les noix de cajou dans un bol d'eau froide pendant 2 h. Égouttez et rincez-les à l'eau froide. Versez dans un blender et mixez avec 5 cuil. à soupe d'eau froide, l'huile d'olive, le sel, le jus de citron vert, la coriandre et le piment, pour obtenir une texture douce et onctueuse. Ajoutez un peu de sel si nécessaire. Réservez au frais.

Préchauffez le four à 220 °C (th. 7-8). Mélangez l'ail, l'origan, le paprika, le piment, le cumin, l'huile d'olive, le sel. Soyez généreux en poivre noir. Joignez les champignons et les morceaux de patate douce, et enrobez-les. Transférez sur une plaque et enfournez pour 20 à 25 min. Remuez de temps en temps au cours de la cuisson.

Pendant que les champignons et les patates douces rôtissent, faites cuire légèrement les broccolini et les haricots verts à la vapeur ou dans l'eau bouillante pendant 3 à 4 min. Ajoutez le kale à la dernière minute. Versez dans un saladier et mélangez avec les haricots, les oignons verts, du sel, du poivre et deux bonnes cuillérées de sauce.

Servez la salade avec les champignons, entiers ou coupés en deux et les patates douces déposées par-dessus, avant d'arroser avec un peu de sauce.

Flexible
Substituez aux champignons un filet par personne de poisson blanc épais, cabillaud, haddock, lieu noir ou jaune. Enrobez avec les épices et faites cuire avec les patates douces. Pendant la cuisson, retournez uniquement les patates.

Rendang malais butternut courgette
et lentilles corail

J'en fais régulièrement et souvent je prépare le double de la quantité de curry que je conserve au réfrigérateur pour de futurs dîners rapides. La butternut, le poivron rouge et la courgette offrent des couleurs magnifiques et l'ajout des lentilles corail donne une sauce riche et équilibrée.

Huile d'olive
8 à 10 gousses de cardamome écrasées
1 bâton de cannelle
½ cuil. à café de clous de girofle
3 feuilles de combava, déchirées en quatre
1 courge Butternut, pelée et coupée en morceaux de 3 à 4 cm
1 poivron rouge, égrainé et coupé en morceaux de 2 à 3 cm
150 g de lentilles corail
400 ml de lait de coco
400 ml de bouillon de légumes
Une poignée de copeaux de noix de coco
1 cuil. à soupe de sirop d'agave ou d'érable
2 courgettes moyennes, coupées en morceaux de 2 à 3 cm
Fleur de sel
Quartiers de citron vert, pour le service

Pour la pâte épicée
4 échalotes, pelées et hachées
4 gousses d'ail, pelées
1 tige de citronnelle, hachée
2½ cm de gingembre, pelé et haché
2½ cm de galanga, pelé et haché
1 cuil. à café de curcuma
2 piments rouges longs, hachés
1 cuil. à soupe de pâte de tamarin
1 cuil. à soupe d'huile de tournesol ou arachide
1 cuil. à café de fleur de sel

Préparation 40 min/**Pour** 4

Pour la pâte épicée, versez tous les ingrédients dans un petit robot ou un blender et mixez pour obtenir une pâte lisse. Réservez ou conservez au réfrigérateur jusqu'à 1 semaine.

Chauffez l'huile dans un wok ou une grande poêle. Ajoutez la pâte et faites revenir environ 1 min. Joignez la cardamome, la cannelle, les clous de girofle et le combava. Torréfiez 1 min supplémentaire, puis incorporez la butternut, le poivron rouge et les lentilles. Remuez pour enrober de pâte, puis versez le lait de coco et le bouillon. Portez à frémissement, couvrez et faites cuire 10 min.

Entre-temps, chauffez une petite poêle à sec à feu moyen. Ajoutez copeaux de coco, et sirop d'agave ou d'érable et remuez jusqu'à ce qu'ils soient dorés et croustillants. Ôtez du feu.

Incorporez la courgette au curry. Attendez la reprise du frémissement et poursuivez la cuisson à découvert pendant 10 min. Salez au goût.

Servez le curry dans des bols et parsemez de copeaux de coco. N'oubliez pas les quartiers de citron vert.

Flexible
La pâte épicée servira également pour un rendang au poulet. À la place de la butternut, des lentilles et des courgettes, utilisez 4 gros blancs de poulet (coupés en morceaux) et cuits comme ci-dessus. Le bouillon de légumes servant uniquement pour cuire les lentilles n'est pas nécessaire. Réduisez le temps de mijotage à 10 min au total, au lieu de 20 min. Si vous souhaitez incorporer des légumes, mini-épis de maïs ou haricots verts, ajoutez-les à mi-cuisson du poulet.

Crumble racines fumées, noix du Brésil

J'ai grandi en mangeant des ragoûts, des tourtes et des crumbles salés et réconfortants. La plupart comportaient de la viande, mais ma mère confectionnait un plat végétarien avec ce qu'elle avait sous la main, mélangé à une sauce à base de fromage, le tout surmonté d'un crumble bien beurré. J'ai rajeuni sa recette avec une sauce plus légère et un crumble au goût de noisette et de fromage. Mes enfants en raffolent.

Pour la garniture

1 kg de légumes-racines, panais, rutabaga, céleri-rave, carotte, patate douce ou de courge, pelés et coupés en morceaux de 3 cm
2 oignons, pelés et coupés en quartiers
Quelques brins de romarin
2 cuil. à café de paprika fumé doux
Huile d'olive
200 ml de crème fraîche
3 cuil. à soupe de fécule de maïs
1 cuil. à soupe de moutarde à l'ancienne
185 ml de vin blanc
600 ml de bouillon de légumes
Fleur de sel et poivre noir du moulin

Pour le crumble

75 g de beurre
1 gousse d'ail, pelée et écrasée
75 g de farine
50 g de flocons d'avoine
75 g de noix du Brésil, concassées
50 g de parmesan râpé (ou équivalent végane) ou cheddar

Préparation 1 h 30 à 1 h 45 min/**Pour** 4–6

Préchauffez le four à 200 °C (th. 6-7).

Posez les racines, les oignons, le romarin et le paprika fumé sur une plaque et arrosez d'huile d'olive. Salez, poivrez, puis enfournez pour 35 à 45 min, en remuant de temps à autre, jusqu'à ce que les légumes soient tendres et dorés.

Pendant que les légumes rôtissent, battez la crème fraîche, la fécule et la moutarde, et réservez.

Pour le crumble, mélangez rapidement le beurre, l'ail, la farine et les flocons d'avoine. Salez, poivrez et incorporez les noix du Brésil et le fromage.

Sortez les légumes du four et transférez dans une cocotte à feu doux. Versez le vin blanc et portez à ébullition. Faites cuire 30 s avant d'ajouter le bouillon. Portez de nouveau à ébullition, puis joignez le mélange de crème fraîche et laissez épaissir. Prélevez le romarin et rectifiez l'assaisonnement.

Versez dans un grand plat passant au four ou plusieurs petits ramequins. Saupoudrez le crumble par-dessus et pour 30 min, jusqu'à ce qu'il soit bien doré et que la garniture bouillonne.

Flexible

Transformez cette recette en crumble poulet-légumes. Réduisez les légumes-racines d'un tiers et ajoutez environ 500 g de cuisse de poulet sur la plaque. Une fois rôtis ensemble, suivez la recette ci-dessus.

Lasagnes blettes aubergines

Cette interprétation très libre des lasagnes vous ravira pour un dîner rapide entre amis. La sauce tomate peut être réalisée à l'avance et conservée au frais. Souvent, j'en double la quantité et je l'utilise toute la semaine sur des boulettes (p. 123) ou pour des pizzas maison. Si vous n'avez pas de blettes, pensez épinard, chou palmier, kale, moutarde brune, chou Daubenton... bref, tout ce que vous aimez.

---

2 aubergines moyennes, coupées en rondelles de 1 cm d'épaisseur
Huile d'olive
2 échalotes, pelées, émincées
200 g de blettes, côtes coupées
175 ml de vin blanc
100 g de parmesan finement râpé ou un équivalent végane
2 boules de mozzarella, coupées en rondelles
200 g de feuilles de lasagnes fraîches

Pour la sauce

2 x 400 g de tomates concassées en boîte
2 gousses d'ail, pelées et écrasées
2 cuil. à soupe d'huile d'olive
1 cuil. à café de vinaigre balsamique
1 cuil. à café de sucre semoule
Fleur de sel et poivre noir du moulin

Préparation 1 h/**Pour** 4

Pour la sauce, versez tous les ingrédients dans une casserole, salez, poivrez et portez à ébullition. Mijotez à feu doux pendant 20 à 30 min jusqu'à l'épaississement des tomates (le temps dépendra des tomates utilisées).

Préchauffez le gril. Frottez les aubergines à l'huile d'olive et disposez-les sur une plaque. Salez, poivrez. Grillez-les 4 à 5 min de chaque côté pour qu'elles soient dorées et cuites.

Préchauffez le four à 200 °C (th. 6-7).

Chauffez un bon filet d'huile d'olive dans une poêle et ajoutez les échalotes. Rissolez à feu moyen jusqu'à ce qu'elles soient dorées. Incorporez les blettes et faites suer. Ajoutez le vin blanc. Portez à ébullition, salez, poivrez et ôtez du feu.

Pour les lasagnes, commencez par étaler une couche de sauce tomate au fond d'un plat passant au four. Puis ajoutez les couches dans l'ordre que vous préférez et épuisez tous les ingrédients. Veillez cependant à finir par une couche de mozzarella et de parmesan, soit sur la sauce tomate, soit sur l'aubergine ou la blette, plutôt que sur une feuille de lasagne. Arrosez d'huile d'olive, salez, poivrez et posez sur une plaque.

Enfournez pour 20 min jusqu'à ce que la garniture bouillonne et que le dessus soit bien doré.

Flexible

Confectionnez vos lasagnes dans de petits plats individuels passant au four pour en garder certaines végétariennes. Pour les autres, ajoutez des tranches de poulet cuit ou rôti. Étalez la viande avec les aubergines. De la même façon, essayez avec de savoureuses crevettes ou des coquilles Saint-Jacques précuites.

Paëlla aubergine et fenouil rôtis

J'adore la gastronomie espagnole et la paëlla est mon plat espagnol préféré. J'apprécie toutes ses variations régionales et, comme le risotto italien, vous pouvez l'accomoder à votre goût ou à votre humeur. végétarienne un jour… ou avec de la viande ou des fruits de mer. Pour moi, le meilleur se trouve dans la couche de riz grillé au fond de la poêle – « socarrat » en espagnol… un véritable délice.

---

4 petits bulbes de fenouil, coupés en quatre dans la longueur (environ 200 g)
6 à 8 mini aubergines coupées en deux (environ 200 g)
1 poivron rouge au jaune, coupé en rondelles de 2 à 3 cm
1 courgette moyenne, en rondelles épaisses
Huile d'olive
1 oignon, finement émincé
300 g de riz à paëlla
1 cuil. à café de paprika fumé fort
Une bonne pincée de safran
200 ml de vin blanc
800 ml de bouillon de légumes chaud
100 g de petits pois décongelés
1 citron, en quartiers
Une poignée de persil haché
Fleur de sel et poivre noir du moulin

Préparation 1 h/**Pour** 4

Préchauffez le four à 220 °C (th. 7-8).

Disposez le fenouil, les aubergines, le poivron et la courgette sur une plaque. Arrosez d'huile d'olive. Salez, poivrez en enrobez les légumes d'huile. Enfournez pour 20 min, en remuant de temps à autre, jusqu'à ce que les légumes soient presque cuits et dorés.

Entre-temps, chauffez la poêle à paëlla ou une grande poêle à feu doux et ajoutez un filet d'huile d'olive. Faites revenir les oignons pendant 8 à 10 min pour les attendrir. Augmentez le feu et versez le riz, le paprika et le safran. Faites cuire le riz pendant 1 min, puis ajoutez le vin blanc. Réduisez de moitié avant d'incorporer deux tiers du bouillon. Baissez le feu et mijotez pendant 10 min sans couvercle, en remuant une ou deux fois.

Ajoutez les petits pois, rectifiez l'assaisonnement, puis incorporez avec soin les légumes rôtis. Versez le reste du bouillon, disposez les quartiers de citron par-dessus et couvrez avec un couvercle ou une feuille de papier d'aluminium. Prolongez la cuisson de 10 min.

Pour vous assurer d'avoir la couche traditionnelle de riz grillé au fond de la poêle, augmentez le feu jusqu'à entendre un petit grésillement. Ôtez du feu et laissez reposer pendant 5 min avant de parsemer de persil et de servir.

Flexible

Transformez en paëlla aux fruits de mer en oubliant les légumes rôtis. Au moment d'ajouter les petits pois, versez 350 g de moules et / ou palourdes, 150 g de crevettes crues épluchées et quelques anneaux d'encornet. Et pour une paëlla mixta, incorporez une poignée généreuse de chorizo en dés et 2–3 cuisses de poulet coupées en dés avec les oignons.

Riz frit coréen
avec kimchi rapide

Le kimchi, plat traditionnel coréen, se déguste à tous les repas ou presque. Il faut plusieurs jours pour le préparer, mais j'ai conçu une recette simplifiée et rapide, utilisant peu d'ingrédients. Vous pourrez même le manger dès qu'il est prêt. Mais si vous avez du temps, gardez-le dans un grand bocal à température ambiante toute une nuit, puis conservez-le au réfrigérateur. Vous aurez 2 semaines pour le savourer. Une fois le kimchi réalisé, le reste de la recette est super rapide.

---

1 cuil. à soupe d'huile d'arachide
3 cuil. à café d'huile de sésame grillé
100 g de chou de Milan ou Daubenton, ou kale, en lanières
4 oignons verts (cébettes), coupés en sifflets
2 gousses d'ail, pelées et écrasées
200 g de riz basmati cuit
2 œufs
Sauce soja, pour l'assaisonnement
1 cuil. à café de graines de sésame grillées
Fleur de sel et poivre noir du moulin

Pour le kimchi
1 chou chinois, en lanières fines
250 g de daikon, pelé et râpé
1 carotte, râpée
2 cuil. à soupe de fleur de sel
3 gousses d'ail, pelées et écrasées
2½ cm de gingembre, pelé et râpé
3 cuil. à soupe de vinaigre de riz
2 cuil. à soupe de sriracha
1 cuil. à soupe de sucre semoule

Préparation 30 min + 1 h de salage et fermentation facultative pendant une nuit/**Pour** 2

Pour le kimchi, mettez les lanières de chou, le daikon et la carotte dans un saladier et mélangez avec le sel. Laissez reposer pendant 1 h, en remuant de temps à autre.

Entre-temps, joignez l'ail, le gingembre, la vinaigre, le sriracha et le sucre.

Posez les légumes dans une passoire et rincez à l'eau froide. Égouttez et séchez dans un linge propre. Transférez dans un saladier et incorporez la sauce. Laissez fermenter toute une nuit ou utilisez immédiatement.

Pour le riz frit, chauffez l'huile d'arachide avec 1 cuil. à café d'huile de sésame dans un wok. Ajoutez le chou de Milan, les oignons verts et l'ail. Rissolez environ 1 min pour suer les légumes. Ajoutez le riz pour le réchauffer à feu vif.

Entre-temps, chauffez une poêle à feu moyen-vif et ajoutez le reste d'huile de sésame (2 cuil. à café). Cassez les œufs et faites-les cuire à votre goût. Salez légèrement et donnez un tour de poivre du moulin.

Ajoutez deux généreuses cuillérées de kimchi au riz, mélangez dans la poêle et versez un peu de sauce soja au goût.

Versez sur deux assiettes et posez un œuf frit. Parsemez de graines de sésame et arrosez d'un peu plus de sauce de soja.

Flexible
J'adore les œufs au plat sur ce riz, mais vous pouvez aussi essayer avec des beignets de crevette. Pour les confectionner, passez 250 g de crevettes géantes tigrées crues dans la farine, puis l'œuf battu, et enfin dans de la panko. Faites frire les crevettes dans de l'huile de tournesol et servez-les simplement posées sur le riz.

Rubans de pâtes

figues caramélisées au vin, gorgonzola et noix de pécan

J'adore les pâtes et je pourrais facilement écrire tout un livre consacré à ce sujet, mais je me suis limitée pour cet ouvrage… et cette recette a la chance d'y figurer. À partir de l'une de mes associations préférées – figues, gorgonzola et noix –, j'ai créé ce plat délicieux.

---

8 figues mûres, coupées en quatre
125 ml de vin rouge
2 cuil. à café de vinaigre de vin rouge
1 cuil. à soupe de miel liquide
Une petite poignée d'origan frais
100 g de noix de pécan
400 g de feuilles de lasagnes fraîches
75 g de pousses d'épinards
2 cuil. à soupe d'huile d'olive extra-vierge
150 g de gorgonzola doux
Fleur de sel et poivre noir du moulin

Préparation 30 min/**Pour** 4

Préchauffez le four à 220 °C (th. 6-7).

Posez les figues sur une plaque moyenne. Mélangez vin, vinaigre et miel et versez sur les figues. Parsemez d'origan. Salez, poivrez. Enfournez pour 20 min, en tournant et en arrosant à mi-cuisson.

Pendant que les figues confisent, placez les noix de pécan sur une plaque et torréfiez au four avec les figues pendant 5 min.

Portez une grande casserole d'eau salée à ébullition. Coupez ou déchirez les feuilles de lasagnes en rubans d'environ 2 cm de large. Faites cuire *al dente*, 5 min. Égouttez, remettez immédiatement dans la casserole avec les épinards et l'huile d'olive. À l'aide d'une paire de pinces, mêlez les pâtes aux épinards pendant qu'ils suent.

Émiettez le gorgonzola, ajoutez les noix torréfiées, les figues rôties et leur jus de cuisson. Mélangez délicatement et transférez sur les assiettes de service.

Flexible
Ajoutez de fines tranches de jambon de Parme ou de prosciutto sur la plaque avec les noix de pécan et Faites-les cuire pour qu'elles soient croustillantes. Posez les tranches sur le plat ou émiettez-les.

Risotto d'épeautre aux légumes d'été

J'aime la texture riche et crémeuse du risotto classique, surtout quand il fait froid. L'été, je substitue l'épeautre au riz et je le cuis avec des légumes et des herbes de saison qui produisent un plat plus léger, plein d'arômes. Essayez aussi l'orge perlé, qui cuit plus longtemps (35 à 40 min) et nécessite davantage d'eau ou de bouillon.

---

150 g de pointes d'asperges, coupées en tronçons d'environ 4 cm
150 g de fèves fraîches ou décongelées
150 g de petits pois frais, ou décongelés
2 cuil. à soupe d'huile d'olive
40 g de beurre
1 grosse ou 2 petites échalotes, finement émincées
300 g d'épeautre
150 ml de vin blanc
1 bouquet d'oignons verts (cébettes), émincés
75 g de parmesan finement râpé ou son équivalent végane, plus des copeaux pour le service
1 cuil. à soupe de basilic, de ciboulette et de menthe hachés
Le zeste finement râpé de 1 citron
Fleur de sel et poivre noir du moulin
Huile d'olive extra-vierge, pour le service

Préparation 45 min/**Pour** 4

Portez 1 l d'eau à ébullition dans un faitout avec une bonne pincée de sel. Ajoutez les asperges, ainsi que les fèves et les petits pois s'ils sont frais. Si vous utilisez des produits décongelés, réservez-les. Faites cuire 2 min. Rafraîchissez dans de l'eau glacée et réservez l'eau de cuisson. Ôtez la peau des fèves pour révéler leur magnifique chair verte.

Réchauffez doucement l'huile d'olive et la moitié du beurre dans une grande poêle. Quand le beurre mousse, ajoutez l'échalote et faites-la revenir. Entre-temps, portez l'eau de cuisson des légumes réservée à frémissement à feu moyen. Vous allez vous en servir comme d'un bouillon pour le risotto.

Incorporez l'épeautre aux échalotes et mélangez une bonne minute. Versez le vin et poursuivez la cuisson jusqu'à ce que l'épeautre l'absorbe.

Ajoutez graduellement le bouillon chaud, une louche à la fois, en remuant tout le temps. Attendez qu'il soit absorbé avant d'en rajouter. Au bout de 15 min environ, l'épeautre devrait être tendre et le bouillon presque consommé.

Joignez l'asperge, les fèves et les petits pois cuits ou décongelés et les oignons verts. Mélangez et réchauffez, en ajoutant un peu de bouillon si le risotto vous paraît un peu épais.

Mélangez le parmesan râpé, le reste de beurre, les herbes et le zeste de citron. Rectifiez l'assaisonnement. Couvrez et laissez reposer 1 à 2 min avant de servir sur des assiettes ou dans des bols. Parsemez de copeaux de parmesan, donnez un tour de moulin et arrosez d'un filet d'huile d'olive extra-vierge.

Flexible
Ajoutez un reste de poulet rôti ou du jarret effiloché. Pour une version au poisson, pensez au maquereau, à la truite ou au saumon fumés. Incorporez la viande ou le poisson quand vous ajoutez les légumes d'été.

Pide à la turque
épinard et aubergine

Ce pide (prononcez pidé) pourrait ressembler à une pizza... sans sauce tomate et avec une touche aromatique turque. Traditionnellement, ce pain pita en forme de bateau est garni de légumes, épices, fromage et/ou viande, souvent de l'agneau. J'ai concocté cette délicieuse version végétarienne avec épinard, aubergine et feta, mais soyez créatifs et utilisez vos ingrédients préférés, comme vous le feriez avec une pizza.

---

7 g de levure de boulanger
1 cuil. à café de sucre semoule
300 g de farine blanche, plus pour fariner
2 cuil. à café de sel
Huile d'olive
2 aubergines moyennes, en rondelles fines
1 oignon rouge, finement émincé
2 gousses d'ail, pelées et hachées
1 cuil. à café de cumin moulu
250 g de pousses d'épinards
150 g de feta, émiettée
1 cuil. à soupe de graines de sésame
1 cuil. à soupe de graines de nigelle
Fleur de sel et poivre noir du moulin
Une petite poignée de menthe

Préparation 1 h + 30 min pour lever/**Pour** 4

Versez levure et sucre semoule dans un bol avec 2 cuil. à soupe d'eau chaude. Mélangez et réservez pendant quelques minutes, jusqu'à l'apparition des premières bulles en surface.

Versez la farine, le sel et 2 cuil. à soupe d'huile d'olive dans un saladier. Joignez la levure, puis 170 ml d'eau tiède, tout en mélangeant avec l'autre main. Au besoin, ajoutez un peu d'eau, mais la pâte ne doit pas être détrempée. Quand la pâte se tient, déposez sur la surface farinée et pétrissez pendant 6 à 7 min pour obtenir une texture un peu élastique. Transférez dans un saladier propre, couvrez avec du film étirable et laissez lever dans un endroit tiède pendant environ 30 min.

Entre-temps, préchauffez le gril. Frottez les tranches d'aubergine à l'huile d'olive. Posez une plaque et grillez quelques minutes sur chaque face jusqu'à ce qu'elles soient dorées. Ôtez du four et réservez.

Chauffez un filet d'huile d'olive dans une poêle et faites revenir l'oignon environ 8 min jusqu'à ce qu'il soit doré et tendre. Ajoutez l'ail et le cumin. Faites cuire environ 1 minute avant d'incorporer les épinards pour les faire suer. Salez, poivrez, ôtez du feu.

Préchauffez le four au maximum. Divisez en quatre le pâton levé. Formez des ovales, farinez et abaissez finement. Transférez sur deux plaques et piquez la surface de la pâte à la fourchette.

Répartissez le mélange d'épinards et d'aubergines sur les ovales en ménageant un bord. Pincez les extrémités et roulez les bords sur la garniture pour façonner un bateau. Émiettez la feta, parsemez de graines de sésame et de nigelle, arrosez d'huile d'olive, salez et poivrez. Enfournez pour 10 min jusqu'à ce que la pâte soit dorée. Garnissez de feuilles de menthe et servez.

Flexible
Pour une version carnée, oubliez l'aubergine, et faites revenir environ 200 g d'agneau haché avec l'oignon, puis continuez la cuisson comme ci-dessus. Pour une version fruits de mer, remplacez l'aubergine par 200 g de crevettes cuites que vous incorporez aux oignons et épinards cuits avant de les verser sur la pâte.

Palets choux de Bruxelles, quinoa, patate douce

Avec ces palets de patates douces, j'accommode les restes ! Ils sont super rapides s'il vous reste de la purée de patate douce ou du quinoa cuit au réfrigérateur. Délicieux, simplement servis avec une salade tomate oignon ou des demi-tomates rôties. Ajoutez de la protéine avec un œuf au plat ou poché.

---

200 g de quinoa (j'aime un mélange de rouge et de blanc)
500 ml d'eau ou de bouillon de légumes
750 g de patates douces, pelées et coupées en morceaux
Huile d'olive
1 gros oignon, finement émincé
250 g de choux de Bruxelles, émincés
2 gousses d'ail, écrasées
Le zeste finement râpé de 1 citron
1 cuil. à soupe de moutarde à l'ancienne
1½ cuil. à soupe de graines de chia
Fleur de sel et poivre noir du moulin

Pour le service
200 g de yaourt à la grecque
2 cuil. à soupe de mayonnaise
Le zeste finement râpé de ½ citron
Une poignée de basilic, haché

Préparation 1 h/**Pour** 4

Pour le quinoa, chauffez une sauteuse moyenne à feu vif. Ajoutez le quinoa et faites cuire environ 30 s. Remuez pour éviter qu'il n'attache. Versez l'eau ou le bouillon et laissez bouillir 1 min avant de réduire à feu doux. Couvrez et faites cuire 10 min, puis éteignez le feu et laissez gonfler 5 min avant d'enlever le couvercle et d'égrainer à la fourchette.

Pendant ce temps, faites cuire les patates douces à la vapeur ou à l'eau, jusqu'à ce qu'elles soient tendres, écrasez puis réservez.

Chauffez 2 cuil. à soupe d'huile d'olive dans une poêle et faites revenir doucement l'oignon pendant 5 min. Augmentez le feu, ajoutez les choux de Bruxelles et l'ail, et faites cuire jusqu'à ce que les choux soient tendres. Ajoutez un peu d'eau s'ils attachent. Incorporez le quinoa, la patate douce écrasée, le zeste de citron, les graines de moutarde et de chia, salez, donnez un tour de moulin. Formez huit palets et réfrigérez ou utilisez immédiatement.

Chauffez un filet d'huile d'olive dans une grande poêle à feu moyen et faites rissoler les palets pendant 2 à 3 min sur chaque face pour les dorer. Mélangez le yaourt à la grecque et la mayonnaise, le zeste de citron, le basilic, un peu de sel et de poivre fraîchement moulu. Servez deux palets par personne, accompagnés d'une quenelle de yaourt à la grecque.

Flexible
Servez avec des tranches de poitrine fumée croustillante ou avec des saucisses grillées.

Tajine fenouil, citrouille, olive verte

Invité à un dîner, partagez ce tajine végétarien, préparé à l'avance, et réchauffez-le au moment voulu. J'ai introduit quelques pois chiches dans cette recette, pleine d'arômes et d'épices, pour leur apport en protéine. Plutôt consistant, vous pouvez cependant le servir avec un couscous pour absorber la sauce.

1½ cuil. à café de graines de cumin
1½ cuil. à café de graines de coriandre
2 cuil. à soupe d'huile d'olive
2 oignons, hachés
3 gousses d'ail, pelées et écrasées
1 cuil. à soupe de harissa
1½ cuil. à café de paprika
½ cuil. à café de curcuma
1 bâton de cannelle
500 g de citrouille ou de courge pelée, en dés d'environ 3 cm
2 bulbes de fenouil, coupés en tranches épaisses, feuilles réservées (si possible)
1 citron confit, égrainé et finement haché
600 ml de bouillon de légumes
2 grosses tomates mûres, concassées
400 g de pois chiches en boîte, égouttés
150 g de grosses olives vertes dénoyautées
50 g de dates séchées, coupées en deux
Fleur de sel et poivre noir du moulin
Une poignée de coriandre ou de persil, hachée, pour le service

Préparation 1 h/**Pour** 4

Chauffez une petite poêle à feu moyen. Versez les graines de cumin et de coriandre et torréfiez pour libérer les arômes. Transférez dans un mortier et écrasez-les grossièrement.

Chauffez l'huile d'olive dans une grande poêle à feu vif. Faites revenir l'oignon 5 min pour l'attendrir.

Ajoutez l'ail, la harissa, le paprika, le curcuma, le bâton de cannelle et les graines broyées. Poursuivez la cuisson pendant 1 min. Incorporez la citrouille et le fenouil et enrobez-les dans les oignons épicés, puis ajoutez les citrons confits et le bouillon. Portez à frémissement et couvrez. Laissez mijoter pendant15 min.

Joignez les tomates, les pois chiches, les olives et les dates, et continuez de cuire à découvert pendant environ 10 min. Tous les légumes doivent être tendres et la sauce aura épaissi.

Ôtez le bâton de cannelle, salez et donnez un tour de moulin à poivre. Garnissez avec les feuilles de fenouil et/ou de persil haché ou de coriandre.

Flexible
Pour en faire un tajine de poulet, divisez en deux la quantité de fenouil et de citrouille, puis grillez 6 à 8 cuisses de poulet coupées en deux au moment d'ajouter l'ail et les épices. Pour un tajine de poisson, divisez en deux la quantité de fenouil et de citrouille, puis ajoutez 600 g de gros dés de poisson ferme (vivaneau ou lotte) au moment d'incorporer les tomates.

Salade vitamine grillée
vinaigrette de pamplemousse

Au prochain rayon de soleil, quand vous sortirez le barbecue, essayez cette recette. Tous les légumes peuvent être grillés sur la flamme (ou au four à l'intérieur), avant d'être servis sur un lit de quinoa, puis rehaussés par la vinaigrette de pamplemousse. Parfait en plat principal ou sur un buffet pour votre prochaine fête estivale.

---

200 g de quinoa
500 ml d'eau ou
de bouillon de légumes
1 courge Butternut, pelée et coupée
en tranches épaisses de 1 cm
1 oignon rouge, pelé, coupé en quartier
200 g de broccolini
1 poignée d'asperges, pointes coupées en deux
dans le sens de la longueur si elles sont
épaisses
1 bouquet d'oignons verts (cébettes), émincés
1 gros avocat, pelé, dénoyauté et coupé
en tranches épaisses
Huile d'olive
2 cuil. à soupe de graines de courge
2 cuil. à soupe de graines de tournesol

Pour la vinaigrette
Le zeste râpé et le jus de ½ pamplemousse
2 cuil. à café de miel
1 cuil. à café de moutarde à l'ancienne
80 ml d'huile d'olive
Fleur de sel et poivre noir du moulin

Préparation 30 min/**Pour** 4

Pour le quinoa, chauffez une sauteuse à feu vif. Ajoutez le quinoa et torréfiez 30 s. Remuez la poêle pour éviter qu'il n'attache. Versez l'eau ou le bouillon et faites bouillir 1 min. Baissez à feu doux. Couvrez et laissez mijoter 10 min. Au bout de ce temps, éteignez le feu et laissez gonfler 5 min avant d'ôter le couvercle et d'égrainer le quinoa à la fourchette.

Chauffez une poêle ou un gril à feu vif. Frottez tous les légumes avec un peu d'huile d'olive. Par fournées, marquez-les au gril. Ils devront être tendres. Le temps variera en fonction du légume : environ 8 min pour la butternut et 2 min pour les oignons. Si vous les trouvez trop grillés ou pas assez cuits, transférez-les sur une plaque et enfournez à 180 °C (th. 5-6).

Pendant que les légumes cuisent, chauffez une petite poêle à feu moyen et ajoutez les graines. Torréfiez pendant 1 min pour les faire dorer.

Pour l'assaisonnement, mettez tous les ingrédients dans un petit bocal propre, salez, poivrez et agitez pour les mêler intimement.

Quand tous les légumes sont cuits, mélangez délicatement avec le quinoa cuit et la sauce. Parsemez de graines torréfiées et servez tiède ou à température ambiante.

Flexible
Vous avez une infinité d'options pour cette recette. Incorporez des crevettes crues épluchées à la salade, en les cuisant au gril avec les légumes. Du saumon fumé est délicieux. Pensez également au poulet rôti (p. 173), à l'agneau confit (p. 176) ou au canard.

Dips/ bouchées

Labné

Parfois les recettes les plus simples donnent les résultats les plus magnifiques. Comme cet humble yaourt qui devient un voluptueux fromage moyen-oriental, incroyablement adaptable.

Il s'agit de la recette de base pour salades et galettes de pain, arrosée d'huile d'olive, tartinée, en dip pour des légumes ou émiettée sur des ragoûts. Pensez aussi au petit déjeuner ou au dessert, en la servant avec du miel et des fruits.

Ajoutez des herbes mélangées, de l'ail, du zeste d'agrume ou des épices au yaourt avant égouttage. Vous créerez des arômes fascinants. Amusez-vous à concevoir votre propre fromage crémeux.

---

500 g de yaourt à la grecque ou de yaourt nature (entier)
½ cuil. à café de sel

Préparation 5 min + 24 à 48 heures d'égouttage/**Pour** 4–6

Mélangez le yaourt et le sel.

Tapissez un saladier d'une mousseline ou d'une étamine. Versez le yaourt. Ramenez les côtés et serrez. Nouez fermement avec une ficelle et laissez une boucle pour suspendre.

Faites passer le manche d'une cuillère en bois ou équivalent dans la boucle et suspendez au-dessus d'un saladier profond ou même de votre évier. Ou encore, placez sur une passoire elle-même posée sur un saladier. Laissez égoutter 24 à 48 heures. La quantité de liquide devrait vous étonner… et votre labné sera plutôt épais et relativement sec. Gardez au réfrigérateur jusqu'à une semaine.

Sauce tomate tofu

Une de nos recettes préférées… mes enfants la dévorent. Je l'ai conçue parce qu'ils n'arrêtaient pas de me demander (ou de réclamer !) des pâtes à la sauce tomate pour le dîner. Délicieux… mais sans protéines, il ne s'agit pas d'un repas équilibré. J'y remédie avec cette recette. Ils l'adorent. Moi aussi ! Notamment parce que je peux la congeler en portions, pour un repas tout prêt. Mélangez à vos pâtes cuites, ou comme toute sauce tomate, utilisez-la avec pommes de terre au four, lasagnes, pizza, ou nachos accompagnés de fromage fondu.

---

2 cuil. à soupe d'huile d'olive
1 oignon, finement émincé
1 branche de céleri, finement coupée
1 carotte, finement coupée
1 courgette, finement hachée
2 gousses d'ail, pelées et écrasées
1 feuille de laurier
2 x 400 g de tomates concassées en boîte
Une pincée de flocons de piment (facultatif)
1 cuil. à café de vinaigre balsamique
1 cuil. à café de sucre semoule
200 g de tofu soyeux
Fleur de sel et poivre noir du moulin

Préparation 30 min/**Pour** 4

Chauffez l'huile dans une poêle et faites revenir l'oignon, le céleri et la carotte pendant 10 min jusqu'à ce qu'ils soient tendres. Ajoutez la courgette, l'ail et le laurier. Augmentez le feu et rissolez 3 à 4 min.

Incorporez les tomates en boîte, le piment (facultatif), le balsamique, et le sucre. Salez et poivrez généreusement. Portez à frémissement, couvrez et laissez mijoter 20 à 30 min jusqu'à ce que la sauce soit riche et épaisse.

Transférez dans un robot, ôtez la feuille de laurier et ajoutez le tofu. Mixez pour obtenir une sauce lisse et crémeuse.

Utilisez immédiatement ou conservez au réfrigérateur jusqu'à 5 jours. Vous pouvez également diviser la sauce en portions individuelles et la congeler pendant 3 mois.

L'avantage de l'hoummous réside dans toutes les saveurs susceptibles de rehausser cette base simple – pois chiches mixés avec du tahini –, en utilisant des ingrédients de saison, ou vos herbes et épices préférées. Voici deux de mes favoris. Carotte douce et harissa convient au thème moyen-oriental traditionnel, tandis que Petits pois oseille apporte, en saison, une fraîcheur acidulée. Essayez la même recette avec de la roquette, du cresson, du basilic ou des pousses de petits pois. Et si vous n'avez pas envie d'y tremper votre pita, tentez le Hoummous ail et citron rôtis de la p. 74.

Houmous carotte douce et harissa

500 g de carottes
2 cuil. à soupe d'huile d'olive
½ cuil. à café de cumin moulu
1 cuil. à soupe de miel
400 g de pois chiches, égouttés, liquide réservé
4 cuil. à soupe de tahini
1 gousse d'ail, pelée et écrasée
1 cuil. à soupe de harissa
Un trait de jus de citron
Fleur de sel et poivre noir du moulin

Pour le service
1 cuil. à café de harissa
Huile d'olive extra-vierge
Sumac
Une petite poignée de pignons de pin torréfiés

Préparation 45 min/**Pour** 6–8

Pelez les carottes et taillez-les en bâtons assez épais. Déposez sur une petite plaque, arrosez d'huile d'olive, de cumin, salez, poivrez. Enfournez pour 20 min, en retournant de temps en temps.

Arrosez les carottes de miel et enrobez-les. Poursuivez la cuisson 10 min jusqu'à ce que les carottes soient tendres et dorées. Sortez du four et laissez tiédir à température ambiante.

Déposez les carottes dans un robot avec les pois chiches, le tahini, l'ail, la harissa et le citron, et assaisonnez. Mixez pour obtenir une texture lisse. Si le houmous paraît un peu épais, détendez-le avec de l'huile d'olive ou un peu de liquide réservé. Rectifiez l'assaisonnement.

Versez dans un plat de service, mélangez un peu de harissa, arrosez avec de l'huile d'olive extra-vierge, parsemez de sumac et de pignons de pin. Servez immédiatement ou conservez au réfrigérateur jusqu'à 5 jours.

Houmous petits pois oseille

400 g de pois chiches, égouttés
200 g de petits pois, décongelés
1 gousse d'ail, pelée et écrasée
15 g d'oseille (hors saison, essayez : menthe, basilic, roquette ou cresson)
Le zeste râpé de ½ citron
4 cuil. à soupe de tahini
1 cuil. à café de sirop d'agave ou de miel
2 cuil. à café de fleur de sel

Préparation 10 min/**Pour** 6–8

Rien de plus simple ! Mettez tous les ingrédients dans un robot et mixez pour obtenir une pâte assez épaisse. Rectifiez l'assaisonnement et servez immédiatement ou conservez au réfrigérateur jusqu'à 5 jours.

La prochaine fois que vos amis viendront dîner ou prendre l'apéritif, oubliez les cacahuètes et les chips pour accompagner votre gin tonic – faites vos propres mises en bouche. Faciles, rapides et amusantes à préparer, ces deux recettes sont délicieuses.

Pois chiches croustillants au wasabi

- 2 x 400 g de pois chiches en boîte, égouttés
- 1 blanc d'œuf
- 2½ cuil. à soupe de wasabi en poudre
- 2 cuil. à café de fécule de maïs
- 1 cuil. à café de sel
- 1 cuil. à café de sucre semoule

Préparation 1 h/**Pour** 6–8

Préchauffez le four à 200 °C (th. 6-7).

Essuyez les pois chiches avec du papier absorbant et répartissez-les sur une plaque. Enfournez pour 30 min, remuez de temps en temps. Fouettez le blanc en neige. Versez sur les pois chiches grillés et enrobez-les.

Mélangez 2 cuil. à soupe de wasabi, la fécule de maïs, le sel et le sucre et incorporez aux pois chiches. Transférez sur une plaque et remettez au four 20 à 25 min, en remuant occasionnellement jusqu'à ce qu'ils soient dorés et croustillants. Saupoudrez la ½ cuil. à soupe restante de wasabi pour un peu plus de piquant et laissez refroidir avant de servir.

Noix épicées et fumées au sirop d'érable

- 25 g de beurre
- 3 cuil. à soupe de sirop d'érable
- 2 cuil. à café de fleur de sel
- 1 cuil. à café de paprika fumé fort
- 400 g de noix mélangés

Préparation 30 min/**Pour** 6–8

Préchauffez le four à 160 °C (th. 5-6). Tapissez une grande plaque de papier cuisson.

Versez le beurre, le sirop d'érable, le sel et le paprika dans une grande poêle. Faites fondre le beurre. Quand il mousse, ajoutez les noix et mélangez dans la poêle pour bien répartir le mélange caramélisé.

Versez sur la plaque et disposez sur une seule couche à l'aide d'une cuillère en bois.

Enfournez pour 12 min, en retournant à mi-cuisson. Laissez refroidir complètement avant de servir. En refroidissant, les noix deviendront fermes et croustillantes.

Vinaigrette classique

C'est l'assaisonnement qui fait la salade... confectionnez le vôtre : c'est facile et rapide.

100 ml d'huile d'olive extra-vierge
100 ml d'huile d'arachide
1 cuil. à soupe de jus de citron
2 cuil. à soupe de vinaigre de vin blanc
2 cuil. à café de miel liquide
1 cuil. à café de moutarde
1 peite gousse d'ail, pelée, coupée en deux
Sel et poivre fraîchement moulu

Placez tous les ingrédients dans un bocal équipé d'un couvercle et secouez. Salez, poivrez. Goûtez et ajoutez du vinaigre, du miel ou de la moutarde au besoin. Les ingrédients utilisés variant d'intensité, il faut toujours goûter.

Si vous le pouvez, laissez l'ail infuser au moins une heure dans la vinaigrette. Réservez dans un endroit frais, à l'abri de la lumière, mais pas au réfrigérateur. Secouez bien avant d'utiliser. Votre vinaigrette se conservera des semaines.

Sauce tahini

Magnifique avec des salades moyen-orientales – pensez couscous, aubergine, grenade, falafel, pitas, etc.

2 cuil. à soupe de tahini
2 cuil. à soupe de yaourt nature (entier)
Le jus de ½ citron
2 cuil. à soupe d'huile d'olive extra-vierge
1 petite gousse d'ail, pelée et écrasée
6 cuil. à soupe d'eau

Mélangez tous les ingrédients. Si la sauce est trop épaisse, détendez avec un peu d'eau.

Conservez au réfrigérateur. Utilisez dans la semaine.

Sauce tofu, miso et gingembre

Cette sauce crémeuse d'inspiration asiatique aime les salades de nouilles et les légumes crus. Versez-la sur un coleslaw asiatique avec des arachides concassées ou sur une salade verte craquante accompagnée d'oignons verts.

100 g de tofu soyeux
3 cuil. à soupe de vinaigre de riz
3 cuil. à soupe de miso blanc
60 ml d'eau
2 cuil. à soupe de gingembre mariné, haché
1 gousse d'ail, pelée et écrasée
1 cuil. à soupe d'huile de sésame grillé

Versez tous les ingrédients dans un blender et mixez pour obtenir une sauce lisse, en ajoutant de l'eau si nécessaire.

Réservez au réfrigérateur et utilisez pendant 3 à 4 jours.

Pesto tomate confite basilic

Contrairement aux deux pestos de la p. 165, il faut planifier cette recette, car les tomates confisent lentement dans le four pour développer leur sucre naturel.

Trempez des morceaux de galette de pain dans ce pesto ou utilisez-le à la place de la sauce tomate sur une pizza. Mélangez à de la chapelure pour vos gratins, poissons au four, ou pétrissez dans vos pâtes avant la cuisson. Incorporez à du couscous ou tartinez sur une bruschetta ou un crostini.

---

8 tomates olivettes mûres
2 gousses d'ail, finement émincées
2–3 petits brins de thym
15 g de feuilles de basilic
50 g de pignons de pin torréfiés
50 g de parmesan râpé ou son équivalent végane
150 ml d'huile d'olive, plus pour arroser
Fleur de sel et poivre noir du moulin

Préparation 1 h 20 min/**Pour** 4

Préchauffez le four à 120 °C (th. 4).

Coupez les tomates en quartiers, égrainez-les et posez face coupée dessus sur une plaque. Arrosez légèrement d'huile d'olive, parsemez d'ail et de thym. Salez et enfournez pour environ 1 heure jusqu'à ce qu'elles soient ridées et qu'elles paraissent sèches, mais encore molles.

Laissez refroidir les tomates, puis versez-les dans le blender avec le basilic, les pignons de pin et le parmesan. Mixez par impulsion pour hacher, puis ajoutez graduellement l'huile d'olive afin d'obtenir un pesto qui ne soit pas complètement lisse. Rectifiez et servez.

Pesto pistache et kale

Le kale donne à ce pesto sa texture ferme et son côté diététique. Essayez-le sur des œufs pochés, mélangé à des petites pommes de terre nouvelles ou de l'houmous, ou encore arrosé sur des légumes rôtis.

---

100 g feuilles de kale préparées (tiges dures ôtées)
1 grosse gousse d'ail, pelée et grossièrement hachée
15 g de feuilles de basilic
50 g de parmesan râpé ou son équivalent végétarien
50 g de pistaches
Le zeste finement râpé et le jus de ½ citron
125 ml d'huile d'olive
Fleur de sel et poivre noir du moulin

Portez à ébullition une grande casserole d'eau salée. Remplissez un saladier d'eau glacée et réservez.

Mettez le kale dans l'eau bouillante et faites-le blanchir 1 min. Ôtez à l'aide d'une écumoire et transférez immédiatement dans l'eau glacée pour le refroidir.

Égouttez le kale et pressez toute l'eau. Versez dans un robot avec le reste des ingrédients. Mixez pour obtenir la consistance d'un pesto. Salez, poivrez.

Pesto coriandre, arachide, piment

Le pesto idéal pour les nouilles cuites, dans les bouillons asiatiques ou tartiné dans un sandwich ! Transformez-le en assaisonnement en ajoutant vinaigre de riz et huile.

---

75 g de coriandre (feuilles et tiges)
50 g d'arachides grillées non salées
1 gousse d'ail, pelée et grossièrement hachée
1 long piment rouge, égrainé et grossièrement haché
Le zeste finement râpé et le jus de ½ citron vert
100 ml d'huile d'arachide
Fleur de sel

Préparation 10 min/**Pour** 4

Versez tous les ingrédients, à l'exception de l'huile et du sel, dans un robot et mixez grossièrement. En continuant de mélanger, ajoutez l'huile pour obtenir un pesto assez lisse. Salez au goût.

Bouillon de légumes

Vous pouvez acheter de bons bouillons de légumes, mais si vous avez un peu de temps, essayez ce bouillon maison que vous congèlerez en portions.

La plupart des recettes se contentent de mijoter légumes, herbes et eau, mais j'aime faire d'abord revenir les légumes avant d'ajouter l'eau, pour un résultat encore plus parfumé.

---

2 cuil. à soupe huile d'olive
2 oignons, avec la peau en quartiers
2 carottes, grossièrement hachées
2 poireaux, grossièrement hachés
1 bulbe de fenouil, grossièrement haché
2 branches de céleri, grossièrement hachées
4 gousses d'ail, avec la peau
4 feuilles de laurier
Un petit bouquet de persil
½ cuil. à café de poivre noir en grains
2 cuil. à café de fleur de sel

Préparation 1 h/**Pour environ** 3½ litres

Chauffez l'huile dans un grand faitout à feu moyen.

Ajoutez les oignons, les carottes, les poireaux, le fenouil, le céleri et l'ail. Faites revenir environ 5 min pour les attendrir et les dorer légèrement.

Incorporez, persil, poivre noir en grains, sel et 4 litres d'eau froide. Portez à ébullition, baissez le feu, couvrez et mijotez doucement 45 min.

Goûtez et ajoutez du sel au besoin. Passez et laissez le bouillon refroidir avant de le transférer dans des récipients permettant de le conserver une semaine au réfrigérateur ou jusqu'à 6 mois au congélateur.

Dip poivron rouge fumé, cannellini et noix

Un dip rempli de protéines et qui fait de l'effet en apéritif. Pour gagner du temps, achetez des bocaux de poivrons rôtis. Ils sont bons, mais ne seront pas aussi doux et parfumés que des poivrons rôtis maison. (Photo sur la page suivante.)

- 3 poivrons rouges
- 100 g de noix
- 400 g de haricots cannellini en boîte, égouttés
- 1 gousse d'ail, pelée
- 4 cuil. à soupe d'huile d'olive extra-vierge, plus pour le service
- 1 cuil. à café de cumin moulu
- ½ cuil. à café de paprika fumé doux
- 1 cuil. à café de harissa, ou plus au goût

Préparation 30 min/**Pour** 6–8

Préchauffez le gril.

Placez les poivrons sous le gril et faites-les griller en les retournant de temps en temps. La peau va cloquer et noircir. Transférez dans un saladier et couvrez de film alimentaire. Laissez refroidir environ 15 min avant de peler et d'ôter le cœur et les graines.

Préchauffez le four à 200 °C (th. 6-7).

Répartissez les noix sur une plaque et grillez 8 à 10 min jusqu'à ce qu'elles soient bien dorées. Surveillez-les, elles ne doivent pas brûler. Sortez du four et laissez refroidir.

Versez les poivrons dans un robot avec les noix rôties (gardez-en quelques-unes pour décorer), les haricots cannellini, l'ail, l'huile d'olive, le cumin, le paprika et la harissa. Mixez pour obtenir une pâte assez lisse. Salez, poivrez. Goûtez et ajoutez de la harissa si vous préférez un goût plus épicé.

Concassez le reste des noix. Transférez le dip dans le bol de service et parsemez de noix. Arrosez d'un filet d'huile d'olive extra-vierge et servez.

Dip betterave et ricotta

Vous pouvez employer des betteraves déjà cuites, mais les rôtir vous-même apportera un parfum unique. Une fois la betterave cuite, rien de plus simple et rapide. Servez avec un pita grillé, des gressins ou des légumes croquants. J'adore les feuilles d'endive dont l'amertume fonctionne à merveille avec ce dip crémeux légèrement sucré. *(Photo sur la page suivante.)*

---

250 g de betterave crue
Huile d'olive
200 g de ricotta
Le zeste finement râpé de 1 citron
½ bouquet de ciboulette, grossièrement hachée, plus pour le service
1 cuil. à soupe de vinaigre de vin rouge
Fleur de sel et poivre noir du moulin

Préparation 1 h/**Pour** 6–8

Préchauffez le four à 200 °C (th. 6-7).

Nettoyez la betterave et coupez les extrémités. Coupez en quartiers et disposez sur une plaque de cuisson. Arrosez d'huile d'olive et salez, poivrez. Couvrez d'une feuille de papier d'aluminium et rôtissez pendant 45 min, ou jusqu'à ce qu'elle soit cuite, en la retournant une fois ou deux.

Laissez refroidir, puis transférez dans un robot. Ajoutez la ricotta, le zeste de citron, la ciboulette et le vinaigre de vin rouge. Salez, poivrez. Mixez pour obtenir une consistance assez épaisse. Goûtez et rectifiez l'assaisonnement au besoin.

Versez dans le plat de service et dégustez ou conservez au réfrigérateur jusqu'à 5 jours.

Servez avec de la ciboulette et un tour de moulin à poivre.

Cuisson parfaite

/Poulet rôti

/Steak

/Épaule de porc

/Épaule d'agneau

/Filet de poisson

Poulet rôti

1,6 à 1,8 kg poulet fermier ou bio
Huile d'olive
55 g de beurre, à température ambiante
Fleur de sel et poivre noir du moulin
300 ml de bouillon de poule (facultatif)

Arômes pour le beurre

- 3 gousses d'ail pelées et écrasées ail, 1 cuil. à soupe de romarin frais
- 1 cuil. à soupe de paprika, le zeste finement râpé de 1 citron
- 1 cuil. à soupe de garam masala, 1 cuil. à café de piment fort
- 1 cuil. à café de cannelle moulue, 1 cuil. à café de cumin moulu, 1 cuil. à café de gingembre moulu et le zeste râpé de ½ orange
- 2 cuil. à café de cinq-épices, le zeste finement râpé de 1 citron vert
- 2 gousses d'ail pelées et écrasées, le zeste de 1 citron, 2 cuil. à café d'origan séché et 1 cuil. à café de paprika fort
- 1 cuil. à soupe de ras-el-hanout (mélange d'épices nord-africaines)

Le poulet, ingrédient très adaptable, accepte presque toutes les cuissons et adopte toutes les saveurs possibles. Faire rôtir un poulet entier n'est pas compliqué : badigeonnez de beurre, assaisonnez généreusement, suivez la méthode de cuisson ci-dessous et vous obtiendrez un poulet moelleux et succulent que vous servirez chaud ou froid. Aromatisez votre beurre avec toutes sortes d'herbes, de zestes et d'épices qui vous donneront des associations délicieuses pour tous vos plats. Le secret réside dans un poulet et des ingrédients de la meilleure qualité possible pour un résultat et un goût magnifiques.

Préparation 1 h 30 min/**Pour** 4

Ôtez le poulet de son emballage, essuyez la peau à l'aide de papier absorbant et laissez-le à température ambiante au moins 30 min avant de le cuire.

Préchauffez le four à 200 °C (th. 6-7).

Versez un filet d'huile d'olive au fond d'une plaque et disposez le poulet. Badigeonnez ou frottez le beurre sur toute la peau du poulet. Salez, poivrez. Posez le poulet côté blanc et enfournez pour 40 min en l'arrosant souvent avec le beurre.

Tournez le poulet côté blanc vers le haut. Arrosez avec les jus de cuisson et poursuivez la cuisson environ 20 min pour qu'il dore. Pour vérifier la cuisson, percez entre la cuisse et le blanc avec une brochette. Les jus qui s'écoulent seront clairs. S'ils sont encore rosés, prolongez la cuisson de 10 min.

Transférez le poulet rôti sur une assiette, posé sur les blancs, afin de les garder bien moelleux. Laissez reposer environ 15 min. Puis, retournez le poulet côté blancs vers le haut pour le service.

Pour une sauce des plus parfumées, ajoutez le bouillon de volaille sur la plaque et grattez les jus de cuisson. Transférez dans une casserole, laissez mijoter 1-2 min, passez et arrosez le poulet découpé.

Steak à la poêle

Indien
Graines de 10 gousses de cardamome
1 cuil. à café de graines de cumin
1 cuil. à café de graines de coriandre
½ cuil. à café de grains de poivre noir
1 cuil. à café de piment de Cayenne
½ cuil. à café de curcuma moulu
1 cuil. à café de fleur de sel
Broyez pour obtenir une poudre grossière

Cajun
1 cuil. à café d'origan séché
1 cuil. à café de thym séché
1 cuil. à café de paprika
½ cuil. à café de piment de Cayenne
1 cuil. à café d'ail semoule
½ cuil. à café de poivre noir moulu
Mélangez… tout simplement

Asiatique
2 étoiles de badiane
1 cuil. à café de graines de fenouil
1 cuil. à café de flocons de piment
6 clous de girofle
½ cuil. à café de gingembre moulu
1 feuille de combava séchée ou 1 cuil. à café de citronnelle séchée
½ cuil. à café de poivre noir
1 cuil. à café de fleur de sel
Broyez pour obtenir une poudre grossière

Marocain
1 cuil. à café de graines de coriandre
1 cuil. à café de graines de cumin
1 bâton de cannelle
1 cuil. à café de paprika
1 cuil. à café de piment de Cayenne
Une pincée de filaments de safran
½ cuil. à café de curcuma moulu
1 cuil. à café de fleur de sel
Broyez pour obtenir une poudre grossière

Il existe tellement de morceaux permettant de faire un simple steak, chacun avec son goût et sa texture : faux-filet, aloyau, filet, bavette, rumsteck, onglet, et même paleron… tous rapides à préparer et à cuire. Visez la simplicité avec du sel et du poivre ou ajoutez des épices à la recette principale.

Mélanges d'épices
Toutes les recettes suffisent à aromatiser quatre steaks (selon la taille). Les épices se conservent dans un bocal ou un autre récipient étanche. Ces mélanges fonctionnent également avec de l'agneau, du poulet, du porc, voire des filets épais de saumon, du cabillaud, du haddock, du thon ou de l'espadon.

Broyez les ingrédients dans un moulin à épices ou au mortier. Badigeonnez les steaks avec un peu d'huile d'olive, puis frottez-les du mélange d'épices. Faites cuire immédiatement ou laissez mariner pendant au moins 1 h pour développer les arômes.

Comment cuire un steak
Sortez les steaks du réfrigérateur au moins 30 min avant la cuisson pour les monter à température ambiante.

Chauffez un gril (ou une poêle non adhésive) à feu vif jusqu'à ce qu'il soit très chaud.

Badigeonnez ou enduisez les steaks avec un peu d'huile, salez et poivrez. Grillez chaque côté jusqu'à ce qu'il soit bien doré.

Poursuivez en le retournant toutes les 30 s jusqu'à obtenir la cuisson désirée.

Pour un steak d'environ 2 cm d'épaisseur, voici un guide général pour la cuisson : bleu, 4 min ; à point, 7 min ; bien cuit, 10 min.

Si une bande de gras court le long du steak, utilisez des pinces pour tenir la pièce à la verticale afin de brunir le gras.

Enlevez les steaks de la poêle, posez sur une assiette chaude et laissez reposer pendant quelques minutes (c'est essentiel) avant de servir.

Effiloché de porc moutarde épicée érable

2 kg d'épaule de porc désossée et découennée
100 g de fleur de sel
150 g de vergeoise brune
2 cuil. à soupe de moutarde anglaise en poudre
1 cuil. à café de piment de Cayenne
75 g de moutarde à l'ancienne
75 ml de sirop d'érable
150 ml de jus d'orange

Pour une épaule de porc moelleuse qui s'effiloche à la fourchette, je préfère la cuire sans la couenne. Demandez à votre boucher ou faites-le vous-même à l'aide d'un couteau bien aiguisé en laissant cependant une couche de gras sur la chair tout en coupant la couenne en un seul morceau. Arrosez-la d'un peu d'huile, saupoudrez de sel et faites cuire côté couenne vers le haut sur une plaque pendant 40 à 50 min. Vous obtiendrez une couenne grillée, salée, dorée et délicieuse.

Préparation 8 h + salage pendant une nuit/**Pour** 6–8

La veille de la cuisson, placez dans un plat ou dans un grand sac congélation. Mélangez le sel et la vergeoise et frottez le porc. Réservez au réfrigérateur toute la nuit pour ôter l'eau en excès, attendrir et assaisonner la viande.

Le lendemain, frottez l'épaule pour enlever le sel et le sucre et posez-la sur une plaque. Associez la moutarde en poudre et le piment de Cayenne, enrobez la viande. Laissez reposer et revenir à température ambiante pendant 30 min.

Entre-temps, préchauffez le four à 140 °C (th. 4-5).

Mélangez la moutarde à l'ancienne et le sirop d'érable et badigeonnez le porc. Versez le jus d'orange avec 125 ml d'eau au fond de la plaque et enfournez pour 7 h. Si vers la fin de la cuisson l'épaule brunit trop, couvrez d'une feuille de papier d'aluminium. Si la plaque sèche, ajoutez de l'eau.

Sortez du four et laissez reposer 20 à 30 min, toujours à couvert.

Transférez le porc sur un plat ou une planche de service. À l'aide de deux fourchettes, effilochez la chair. Enlevez le gras des jus de cuisson et arrosez la viande.

Agneau de quatre heures moyen-oriental

1 épaule d'agneau, sur l'os, d'environ (1,8 à 2 kg)
2 oignons, pelés et hachés grossièrement
6 gousses d'ail entières, pelées
Le jus de 1 citron
4 cuil. à soupe de mélasse de grenade
1 cuil. à café de cannelle moulue
1 cuil. à café de cumin moulu
1 cuil. à café de coriandre moulue
1 cuil. à café de piment en poudre
1 cuil. à soupe d'huile d'olive
Fleur de sel et poivre noir du moulin

Pour servir (facultatif)
Une poignée de graines de grenade
Une poignée de feuilles de menthe fraîche
Une poignée de pistaches hachées ou d'amandes effilées torréfiées

Savoir que la viande est dans le four bien chaud et qu'une fois sortie, il suffira de la servir… quoi de plus agréable ? Cet agneau si parfumé est également délicieux froid et vous en apprécierez les restes pendant plusieurs jours pour accompagner de nombreuses recettes présentées dans ce livre.

Préparation 5 h/**Pour** 6-8

Ôtez l'agneau du réfrigérateur 30 min avant de le cuire pour qu'il revienne à température ambiante.

Préchauffez le four à 160 °C (th. 5-6).

Posez l'agneau sur une planche à découper, peau vers le haut, et marquez légèrement la peau à l'aide d'un couteau bien aiguisé. Répartissez les oignons et l'ail au fond d'un grand plat passant au four ou d'une plaque et versez 250 ml d'eau. Posez l'agneau sur les oignons.

Mélangez le jus de citron, la mélasse de grenade, la cannelle, le cumin, la coriandre, le piment en poudre, l'huile d'olive, une bonne pincée de sel et du poivre noir. Versez lentement sur l'agneau.

Couvrez le plat ou la plaque d'un couvercle ou d'une feuille de papier d'aluminium. Enfournez pour 3½ heures, puis découvrez. Poursuivez la cuisson pendant 30 min pour colorer le dessus de l'agneau, en augmentant la chaleur au besoin.

Une fois l'agneau cuit, transférez sur un plateau de service chaud et laissez reposer 20 à 30 min, couvert d'une feuille de papier d'aluminium.

Versez les jus de cuisson précautionneusement dans un bol. Écumez le maximum de gras et arrosez la viande. Séparez l'agneau fondant en morceaux qui vont s'imprégner de la sauce. Parsemez de graines de grenade, de menthe hachée et de pistaches ou d'amandes (facultatif).

Filets de poisson

Cuire le poisson s'avère souvent plus facile et plus rapide que la viande. Prenez conseil auprès de votre poissonnier, au marché ou au supermarché pour connaître la saisonnalité du poisson que vous achetez et la meilleure cuisson. Sans supplément de prix, il vous préparera des filets et il sera prêt à cuire. Il vous renseignera également sur la durabilité des ressources : prêtez-y attention, car les stocks de certains poissons sont largement entamés en raison de la surpêche.

Que rechercher ?
La chair du filet doit être nette, humide et ferme et ne doit pas sentir fort. Plus le poisson est frais, meilleur il sent et plus son aspect est engageant. Si vous ne connaissez pas la qualité du poisson disponible, achetez du poisson surgelé, généralement congelé au moment de sa pêche. Il existe deux grandes catégories de poissons : « rond » et « plat ». Les poissons ronds vendus en filet incluent :

Cabillaud, aiglefin, colin, lieu jaune et noir, merlan.
Très flexibles ; toutes les cuissons possibles.
Saumon, truite de mer, truite, truite arc-en-ciel.
Très polyvalents aussi ; toutes les cuissons possibles.
Maquereau, sardine, hareng.
En filet, mieux vaut les passer au gril ou les cuire à la poêle.
Bar, daurade, mulet et vivaneau.
Meilleurs à la poêle, au four ou à la vapeur.
Thon, espadon. Meilleur au gril ou à la poêle.

Les poissons plats comptent flétan, sole, plie, limande, barbue et turbot. Souvent vendus entiers. En filet, savourez-les cuits au four, à la vapeur ou à la poêle.

Arômes et grammage
Quand il s'agit d'assaisonner, mieux vaut rester simple et laisser l'arôme subtil du poisson briller, surtout si vous l'accompagnez avec l'une des recettes savoureuses présentées dans ce livre. Salez, donnez un tour de moulin à poivre avant la cuisson, puis ajoutez un trait de citron ou de citron vert une fois cuit.

En plat principal, privilégiez un filet de 175 à 225 g par personne.

Méthodes simples de cuisson
Surcuire le poisson le rend sec et caoutchouteux. Il faut chercher à cuire la chair, tout en conservant l'humidité. Observez le côté du filet pendant la cuisson. Si translucide, il devient nacré au centre, qu'il est ferme sans que la chair se détache encore, il est temps de l'ôter du feu.

Poêle Versez un peu d'huile d'olive dans une poêle non adhésive. Farinez très légèrement le filet (pour le dorer et l'empêcher d'attacher). Grillez à feu moyen 2 à 7 min, selon l'épaisseur.

Au gril Préchauffez le gril. Badigeonnez d'huile le poisson et assaisonnez. Faites cuire 2 à 6 min de chaque côté (selon l'épaisseur), en ne tournant qu'une fois. Il sera bien marqué.

Papillote Posez le filet sur une grande feuille de papier d'aluminium, avec un peu d'huile ou de beurre, sel, poivre, herbes (aneth, persil, basilic, coriandre, estragon ou ciboulette), et/ou des tranches de citron. Enveloppez le filet, sans le serrer dans cette papillote. Posez sur une plaque et enfournez à 220 °C (th. 7-8) pendant 10 à 15 min.

Rôti Idéal pour les filets épais, tels que le saumon et le cabillaud, avec leur peau. Badigeonnez d'huile, salez, poivrez et posez sur une plaque non adhésive sur la peau. Enfournez pour 10 à 15 min à 180 °C (th. 6).

Vapeur Posez un panier de bambou ou votre cuiseur sur l'eau bouillante. Placez le poisson sur une feuille de cuisson beurrée, un lit d'herbes ou de feuilles (épinard, chou, feuille de banane). Assaisonnez et couvrez. Faites cuire 4 à 10 min (en fonction de l'épaisseur).

Index

D

E

Q

R

S

T

V-W

Y

Remerciements

Je voudrais remercier toutes les personnes qui m'ont aidée à écrire ce livre, et notamment ma merveilleuse éditrice Zena Alkayat chez Frances Lincoln, qui a lancé le mouvement. Ce fut un véritable plaisir de travailler avec vous !

Un énorme merci à Susan Bell pour les impressionnantes photographies qui parsèment cet ouvrage. Vous avez un talent incroyable : avec vous, tout semble facile. Facundo Bustamante : non seulement, vous êtes un assistant fantastique pour Susan, mais en plus un foodie enthousiaste, un vrai bonus !

Becci Woods – je ne vous remercierai jamais assez pour votre aide lors des séances photo. Quel plaisir de travailler avec une telle styliste culinaire, doublée d'une bosseuse acharnée ! Merci également à Ella Hughes pour son temps passé avec moi sur les séances photo. Avec cette attitude au travail, vous irez loin.

Merci à Alex Breeze pour les accessoires – c'est parfait. Et à Canvas Home pour la vaisselle magnifique que nous avons utilisée pour les photos.

Chez Frances Lincoln, je souhaiterais remercier Sarah Allberrey pour le design, Sarah Chatwin les corrections, Hilary Bird l'index, Rachel Ng la production et tous les employés de la publicité, des ventes et du marketing, pour avoir sorti ce livre et donné envie de l'acheter.

Un immense merci à mes amis et à ma famille, mes goûteurs en chef, et un remerciement tout spécial à Phil, Olly et Rosa pour avoir supporté l'invasion de la maison pendant les photos (et avoir réussi à ne casser aucun accessoire... ouf !).

Merci à mes super-agents Borra, Jan et Louise chez DML – voici un nouveau livre de cuisine à ajouter à votre bibliothèque !

Enfin et surtout, merci à tous ceux qui utiliseront ce livre. J'espère que vous aimerez autant cuisiner que j'ai aimé concevoir ces recettes.

Bonne et joyeuse cuisine à tous !